1日1篇

「人生を成功に導く」365人の言葉

『PHP』編集部
編

PHP研究所

はじめに

月刊誌『ＰＨＰ』は、一九四七年四月に松下幸之助によって創刊されました。戦後まもない一九四六年に「繁栄を通じて平和と幸福を（Peace and Happiness through Prosperity）」との願いをこめて設立されたＰＨＰ研究所の機関誌として、年齢や性別を問わず多くの方にお読みいただいています。

雑誌の裏表紙をめくったところ（表三）にある「こころにひびくことば」は、毎号異なる方にご寄稿いただき、一九六四年から続いています（一九七一年までは「この人のこのことば」という連載タイトルでした）。毎号ここは必ず読むという方、このページを最初に読むという方も多い、人気連載です。

そして今回、『１日１篇「人生を成功に導く」３６５人の言葉』というタイトルで、一冊の書籍にまとめることになりました。読者のみなさまの人生の羅針盤にしていただけそうな言葉、成功の教科書になりうるような言葉を中心に収録しています。

『ＰＨＰ』では、読者手記をはじめ、いわゆる「市井《しせい》の人々」にも多くご登場いただいていますが、「こころにひびくことば」は、誰もが知っている著名な人や、あるジャンルにおける第一人者といえる人にご執筆をお願いしています。

どちらの言葉のほうが優れているということではなく、それぞれに、あるいは等しく、尊いものだと思います。

ただ、やはり「名を成した人」ならではの重みがある言葉だったり、私たちがよく知っているあの人がこういう言葉を挙げるんだ、と意外に感じたり、ということはあると思います。

本書ではその中から、作家、経営者、アスリート、俳優、評論家、詩人、クリエイター、医師、音楽家、研究者、宗教家など、多岐にわたる分野から、三百六十五人の言葉を集めました。

ストレートに心に響くもの、一ひねりあるもの、素朴なもの、学があるもの、ユーモアを感じるもの。耳が痛いもの、背筋が伸びるもの。背中を押してくれるような言葉もあれば、そっと寄り添ってくれるような言葉もあります。なかには言葉そのものの持つ力について言及したものもありました。

表題の言葉だけでも充分な力があると思いますが、それにまつわるエピソードやそこに寄せられた思いを読むことで、より理解が深まるように思います。

いずれにしましても、繰り返し、何度でも、ページを繰っていただけたらうれしく思います。『ＰＨＰ』のように長くお読みいただける一冊になれば幸いです。三百六十五日、一日一つずつお読みいただくのもいいでしょう。一巡したら、日々そのときにパッと開いたところを読む、というのもいいかもしれません。

その言葉が今の自分にどのように響くか。今までは特になんとも思っていなかった言葉が、急に心を揺さぶってくることもあるでしょうし、逆もまたしかり。同じ言葉であっても、共感の度合いや理解の深度が変わることもあるかもしれません。それはとりもなおさず、自分自身を映す鏡のようなものなのだと思います。

長きにわたる連載からよりすぐったものですから、すでに鬼籍に入られた方も少なくありません。ご本人の亡きあとも、言葉はこうして残る。本を開けば、いつでも会える。そのかけがえのなさのようなことにも、思いを馳せました。

＊

本書の制作にあたり、再録を快く許可してくださった著者のみなさまに、この場を借りて御礼申し上げます。

二〇二二年四月に創刊七十五周年を迎えた『ＰＨＰ』。二〇二三年五月号で通巻九〇〇号となります。一〇〇〇号、そして創刊一〇〇周年をめざし、これからも発刊を続けてまいります。

読むとホッとする、励まされる、学びがある、新しい価値観を知る、悩んでいたことが解消する、モチベーションが高まる――さまざまなかたちで読者のみなさまにお役立ていただける「人生の応援誌」として、数多くの言葉を今後もお届けしていきたいと思います。

そして、月刊誌『ＰＨＰ』創刊七十五周年の掉尾《とうび》を飾る本書『1日1篇「人生を成功に導く」３６５人の言葉』が、読者のみなさまの心を励まし、広く読み継がれる本となりますよう、願ってやみません。

二〇二二年十二月

ＰＨＰ編集長　丹所千佳

一月

二月

三月

四月

五月

六月

七月

八月

九月

十月

一日　かなり、うまく、生きた！　遠藤周作（作家）　346
二日　何でもやればわかる。やらなきゃわからない　鹿島　茂（フランス文学者）　352
三日　仕事を楽しむ　小川　昇（舞台照明家）　353
四日　こちらから先に挨拶すること　新川和江（詩人）　354
五日　他人の目を気にする　青木雨彦（コラムニスト）　355
六日　損か得かは紙一重　うつみ宮土理（タレント）　356
七日　勤勉努力は凡を非凡にする　上村松篁（日本画家）　357
八日　器用がついて来ていた　平櫛田中（彫刻家）　358
九日　飾らず、気取らず、無理せずに　城之内ミサ（ミュージシャン／音楽家／ユネスコ平和芸術家）　359
十日　ただやみくもに　石川達三（作家）　360
十一日　先生はいつまでも必要　森下洋子（〈公財〉松山バレエ団理事長・団長／バレリーナ）　361
十二日　世の中で一番楽しく立派なことは一生涯を貫く仕事をもつことである。　友竹正則（声楽家）　362
十三日　己れへの意地　中山あい子（作家）　363
十四日　信頼は心を知ることから　柳原良平（イラストレーター）　364
十五日　進歩を信じること　桑原武夫（京都大学人文科学研究所教授）　365
十六日　「これは自分の欠点だ」と自覚したとき、少しはよくなる　吉田知子（作家）　366
十七日　死んだらどうなるか、と訊かれます。「死んだら終わりよ」、と答えます。　山藤章二（イラストレーター）　367
十八日　本の数だけ学校があり、教師がいる　出久根達郎（作家）　368

十一月

十二月

一日　人生は爆発だ　岡本太郎（洋画家）　418

二日　少数なれど、熟したり　松岡正剛（編集工学者）　422

三日　顧客から学ぶ　立石義雄（京都商工会議所会頭／オムロン㈱名誉顧問）　423

四日　私は悪口を言うための書評は書きません　工藤美代子（ノンフィクション作家）　424

五日　わからんなあ　森　毅（京都大学教授）　425

六日　人を愛するものは、人の喜びをも愛する　亀山郁夫（ロシア文学者／名古屋外国語大学学長）　426

七日　半端はゼロ、ゼロ＋ゼロは永久にゼロ　枡野俊明（曹洞宗徳雄山建功寺住職）　427

八日　「普通にしろ、普通に」　山田久志（野球解説者）　428

九日　必要とされる人となれ　服部幸應（学校法人服部学園理事長）　429

十日　痛みの度合いは、喜びの深さを知るためにある　渡辺貞夫（音楽家）　430

十一日　忙しくて死ぬ隙もありません　下重暁子（作家）　431

十二日　一升びんの哲学　阿刀田　高（作家）　432

十三日　「私とは私の身体である」　野中郁次郎（一橋大学名誉教授／日本学士院会員）　433

十四日　「ひとりで幸福になろうとしても、それは無理よ」　鷲田清一（哲学者）　434

十五日　平凡な教師は言って聞かせる。よい教師は説明し、優秀な教師はやってみせる。しかし最高の教師は子どもの心に火をつける。　左巻健男（理科教育者）　435

十六日　自分を成長させなければ　丸岡秀子（評論家）　436

十七日　一人の方がかえっていい　真鍋　博（イラストレーター）　437

※本書は月刊誌『PHP』の連載コラム「こころにひびくことば」
（1971年までは「この人のこのことば」というタイトル）を中心に、一部、特集記事や、
月刊誌『THE21』の記事より再収録・再構成したもので、内容は原則、掲載当時のものです。
※ただし、掲載にあたり、一部、加筆・修正の行われた記事がございます。
※執筆者の肩書きは、原則、掲載当時のままとしていますが、
執筆者ならびに著作権継承者のご意向などにより、一部変更した箇所がございます。

ブックデザイン　小口翔平＋畑中茜＋嵩あかり（tobufune）

一月

一日　養老孟司　解剖学者
二日　安藤忠雄　建築家
三日　井深　大　ソニー㈱ファウンダー・名誉会長
四日　三浦雄一郎　プロスキーヤー
五日　仲代達矢　俳優
六日　丹羽宇一郎　伊藤忠商事名誉理事／日本中国友好協会会長
七日　橋爪大三郎　社会学者
八日　出口治明　立命館アジア太平洋大学〈APU〉学長
九日　吉行和子　俳優
十日　津本　陽　作家
十一日　大山康晴　棋士／第十五世名人
十二日　大鵬幸喜　大鵬部屋親方
十三日　櫻井よしこ　ジャーナリスト
十四日　長嶋茂雄　元・読売巨人軍監督
十五日　河合隼雄　京都大学教授
十六日　坂東眞理子　昭和女子大学理事長・総長
十七日　萩本欽一　TVタレント
十八日　幸田真音　作家
十九日　三遊亭円楽（五代目）　落語家
二十日　谷川浩司　棋士
二十一日　宗　茂　旭化成陸上部監督
二十二日　大島　渚　映画監督
二十三日　遠藤周作　作家
二十四日　佐伯チズ　美容家／美肌顔師
二十五日　さだまさし　シンガーソングライター
二十六日　山本七平　山本書店主
二十七日　大野　豊　広島東洋カープ投手
二十八日　馬場章夫　ラジオパーソナリティー
二十九日　安藤和津　エッセイスト／コメンテーター
三十日　山折哲雄　国際日本文化研究センター教授
三十一日　やなせたかし　絵本作家

一月一日

養老孟司《ようろうたけし》
解剖学者（1937〜）

「二足の草鞋《わらじ》」を持つ

東日本大震災《だいしんさい》が起こり、すさまじい津波《つなみ》に見舞《みま》われました。その光景を見て、「自然は脅威《きょうい》だ」「自然とは想定外のものだ」などという言葉が氾濫《はんらん》しました。大自然がもつ怖《こわ》さ。そんな当たり前のことは、今さら言うほどのことでもありません。

「人間がつくったものではないもの」。自然を定義するなら、その一言に尽《つ》きます。人間が立ち入ることのないような森。そこに育っている木々。実がなれば鳥たちがやってきて食べ、不要な枝は勝手に朽《く》ちていく。これが自然です。しかし、この木を都市部の街路に植え替《か》えた瞬間《しゅんかん》に、それは自然ではなくなります。

自分と向き合う覚悟をもつ

ほんとうの自然に身を置いて暮らすことは、人間にとっては危険なことでもあります。人はどうして都市をつくったのか。それはとりもなおさず、自然の怖さから身を守ろうとしたからです。都会とは、人が安心を得るためにつくられた要塞《ようさい》みたいなものなのです。

そしてこの要塞のなかで暮らしていると、いつしか人間が特別な存在だと勘違《かんちが》いしてくる。人間の身体《からだ》もまた自然であることを忘れてしまうのです。私の身体にしても、生命の自然がつくりだしたものに過ぎません。何も好き好んでこんなふうに生まれてきたわけではない。森の木々と同じです。

自然そのものには不安と恐怖《きょうふ》が常につきまとっており、いくら管理しようとしても、人間の力には限界があります。大自然を管理することなどできるはずはありません。それでも人間は、大自然と向き合って生きなくてはならない。そこに必要となってくるのは、自然とともに生きるという覚悟《かくご》です。

海に囲まれた日本。漁師たちは昔から海の側《そば》で暮らしを営んできた。台風や津波に襲《おそ》われながらも、それでも海沿いで暮らすことを選択《せんたく》してきた。きっとそこには、海とともに生きるんだ、という覚悟があったのだと思います。津波で家を流されても、家族を海で亡《な》くしても、それでも自然と共存しようとする覚悟をもっていた。そうした日本人の覚悟が都市生活を続けていくなかで、次第《しだい》に薄《うす》れていったのではないでしょうか。

ほんとうの自然とは何なのか。そして、それとどう向き合えばいいのか。もう一度考える時が来ているような気がします。

今という瞬間を大切にする

私がまだ幼かった頃《ころ》の日本。世の母親たちは、我《わ》が子が大人《おとな》になるのが当たり前だと思ってはいませんでした。五歳《さい》のかわいい盛《さか》りに寿命《じゅみょう》が尽きてしまう。そんな子どもがたくさんいた時代です。私の祖母などは、十人の子どもをもうけましたが、そのうち成人して祖母の葬式《そうしき》に出ることができたのは四人だけです。半分以上は親よりも先に旅立ってしまった。だからこそ母親たちは、今、目の前にいる我が子に精いっぱいの愛情を注いだのです。この子が二十歳《はたち》を迎《むか》えられるかどうかわからない。早くに寿命がやってくるかもしれない。だから今、生きている瞬間を精いっぱいに大切にする。そういう覚悟のなかで暮らしていたのでしょう。

現代では、子どもが大人になるのは、当たり前と考えています。「今、一生懸命《けんめい》に勉強しておけば、いい大学に行けて、いい会社に就職できるのよ」。小学生にも満たない子どもにそう言い聞かせているのは、子どもが必ずすくすくと育って、大人になるということが前提にあるからでしょう。

しかし、その前提は一〇〇%ではありません。人間が自然の存在である限り、いつどうなるかはわかりません。突然《とつぜん》の病や不慮《ふりょ》の事故も十分に起こりうる。

人間にとって一〇〇%のこととは、死ぬこと以外には一つもないのです。何も「どうせ死ぬんだから」と投げやりになれということではありません。恐《おそ》る恐る生きる必要もない。ただ、常に覚悟を心にもって生きることです。不確定な未来に軸足《じくあし》を置くのではなく、今という時間に軸足を置くこと。今日という日、目の前の小さな命に心を寄せることです。

現代社会は死が遠ざかっています。今の日本の若者たちに「信仰《しんこう》する宗教はあるか」と聞けば、八割が無宗教だと答えます。それは、彼らが本気で生死を考えたことがないことと無関係ではないでしょう。生きていることが当然だと考えていると、神や仏を信じる気持ちは生まれにくい。自分はこの先何十年も生きると信じ、自分の親さえも、まだまだ長生きできると勝手に思い込《こ》んでいる。そんな思考のなかからは、生きる覚悟は生まれません。

死を意識することと、自然を意識することは同じことだと思います。死を考えることと、自然の恐怖を考えることは、どこかでつながっている。そしてもうひとつ付け加えるなら、自然とは怖いものでもなく、さらには優《やさ》しいものでもない。明るいものでもなく暗いものでもない。自然とは、あくまでも中立のものなのです。

二つの生き方をもってみよう

都市のなかで暮らしていると、どんどん生きる覚悟が殺《そ》がれていきます。安全が当たり前で、自分の身体そのものが自然だという実感も薄れていく。それを取り戻《もど》すためには、自然のなかで暮らす機会をつくることです。仕事を辞《や》めて田舎《いなか》に移り住むというのではありません。できるならば、都会と田舎の両方に拠点《きょてん》をもつことです。古民家などを安く借りて、一年に数週間は自然のなかで畑を耕しながら暮らしてみること。都会と田舎の両方に軸足を置きながら生活をする。私はそういう提案をずっとしてきました。特に三十代や四十代の働き盛りの人こそ、こうした「二足の草鞋」を履《は》くことをおすすめします。

どうも日本人というのは、たった一本だけの軸足で立つことが好きなようです。「この道一筋」という言葉が評価される傾向《けいこう》があるのです。職人さんのように、生涯《しょうがい》をかけて同じ道を歩く人が尊敬されて、軸足がぶれる人間はダメだと言われてきました。

それはどうやら、「この道一筋」の意味を履き違えているようです。ある職人さんが、地味な仕事を一生懸命に生涯続けている。あの職人さんは何とすごいことか……。これは「この道一筋」のとらえ方ではありません。本来の意味するところは、職人さんを讃《たた》えるものではなくて、「この道」を讃えるものなのです。「あんな地味な仕事を、よくも一生やっていられるなあ。あの仕事は地味に見えるけれど、きっと人間が一生をかけてやるだけの価値がある仕事なんだなあ」と。

一生をかけて歩むべき「この道」。一生住み続けられる「この場所」。それは簡単に見つけられるものではありません。大自然に囲まれて、田舎でずっと暮らすのも現実的ではないでしょう。かといって都会でばかり生活していると、神経が疲《つか》れ切ってしまいます。ならばいくつかの「この道」を探せばいい。二足の草鞋を履くことで、また違う風景が見えてくるかもしれません。

一月二日

安藤《あんどう》忠雄《ただお》

建築家（1941〜）

全力で走れ。

開高健《かいこうたけし》と言葉を交《か》わしたのはただ一回きりだ。「おまえが安藤か。若いんやからもっともっと全速力で走らなあかんで。走っていれば、いつか見えんもんも見えてくる！」。大阪ミナミの雑踏《ざっとう》の中での、一瞬《いっしゅん》の出逢《であ》いだった。

人生の価値は、どれだけ懸命《けんめい》に、真剣《しんけん》に生きたかに尽《つ》きる。難しいのは、年を重ねてなお、その意欲を持ち続けることだ。最後まで青春を生き続けた開高健の言葉はそれゆえに重みがあった。

建築の道を走り出して四十年、私にはまだ、見えないもんは見えてこない。答えが見つかるまでは、走り続けよう。

一月三日

Ask not what your country will do for you —ask what you can do for your country.

井《い》深《ぶか》 大《まさる》
ソニー㈱ファウンダー・名誉会長
（1908〜1997）

現代の若者を評して「無思考」「無責任」、それに「無感動」「無感激」と言う人がある。確かにそうかもしれない。しかしその責任を若者だけに押《お》しつけてよいものだろうか。国の指導者をはじめ、社会のリーダーすべてが、心に響《ひび》く言葉で、若者を引きつけていく努力をしているだろうか。

〝Ask not what your country will do for you—ask what you can do for your country.〟（諸君の国家が諸君に何をしてくれるかを聞きたまうな——諸君が諸君の国のために何ができるかを聞きたまえ）。J・F・ケネディの言葉がずしんと心を打つ。

一月四日

三浦《みうら》雄一郎《ゆういちろう》

プロスキーヤー（1932〜）

やがて君も世界へ

「少年よ大志を抱《いだ》け」、という言葉に心ときめかして、津軽《つがる》の海を渡《わた》って札幌《さっぽろ》に行ったのが、昭和二十七年十八歳《さい》の春だった。

この頃《ころ》はまだ日本は貧しく、ぼくらはいつもひもじかった。山好きのアメリカ海軍大佐のボーデンさんと知り合って、知床《しれとこ》、十勝《とかち》そして故郷の八甲田山《はっこうださん》などをぼくはガイドとして一緒《いっしょ》に歩きまわった。雪の斜面《しゃめん》を登りつかれて、空をあおいで一休みしていたとき、ボーデンさんが〝やがて君も世界へ〟と誰《だれ》にいうともなくつぶやいた。この一言がぼくの心に翼《つばさ》をつけてくれたのだ。

一月五日

仲《なか》代《だい》達《たつ》矢《や》
俳優
（1932〜）

真実なんてものはな、自分の腹ひとつにおさめて、黙《だま》っているものなんだ

ゴーリキーの「どん底」という芝居《しばい》の中にある台詞《せりふ》です。木賃宿の主人コストイリョフが、「真実」とか「理想」とか言って皆《みな》を焚《た》きつけるルカに向かって、忠告めいたこの一言を吐《は》くわけです。私はサーチン役で出ていながら、この宿屋の主人の台詞によく聞き入ったものです。

真実は誰《だれ》しも希求するものですが、そういうこととはまた少し違《ちが》った一面、世の中の不思議な奥深《おくふか》い一面を鋭《するど》く切り取っているようで、なぜか脳裡《のうり》に刻まれています。

一月六日

丹羽宇一郎《にわういちろう》

伊藤忠商事名誉理事／日本中国友好協会会長（1939〜）

ウソは詐欺師《さぎし》や盗人《ぬすっと》の始まり

元来この言葉は、平気でウソをつくようになると、平気で盗んだり騙《だま》したりするようになるという意味だが、私の場合は明治生まれの私の爺婆《じじばば》が人間の「ウソつき天性は消し難《がた》い」と、こんな恐《こわ》い話をしてくれたのが心に刻まれているのか、いつも頭に浮《う》かぶ。

〝ウソをつく人の心には悪人が住んでいる。ウソつきとは、本当の事を言うと自分に都合の悪いときにウソをついて人を騙す詐欺師のような人だ。

ウソつきの人の心の中で、この悪人もウソをつく度《たび》に少しずつ育ち、大きくなってゆく。自分の気付かないうちに、自分の顔まで悪人の形相になってゆく。

ウソほど恐いものはない。隠《かく》しても自分の顔に現れる。ウソは絶対についてはいけないのだ。〟

一月七日

橋《はし》爪《づめ》大《だい》三《さぶ》郎《ろう》
社会学者（1948〜）

明日のことまで思い悩《なや》むな

（マタイ福音書6章34節）

イエスの言葉。このあと、「明日のことは明日自らが思い悩む」と続く。くよくよするな、という処世訓と思ってはいけない。

今日のことは、悩んでよい。むしろ、悩まなければならない。食べ物やこの環境《かんきょう》や、すべてを神が与《あた》えてくれるとしても、人間の務めが残っているからだ。努力が必要だ。

だが人間のわざを過信して、神の支配を忘れてはいけない。明日が来ること自体が神の恵《めぐ》みだ。そう思いなさい、という強い教え。そして慰《なぐさ》めの教えなのである。

一月八日

出口《でぐち》治明《はるあき》

立命館アジア太平洋大学〈APU〉学長
（1948〜）

生き残るのは
変化に最もよく
適応したものだ

言わずと知れたダーウィンの言葉です。この前には「生き残る種とは最も強いものではない。最も知的なものでもない」というフレーズが置かれています。

将来何が起こるかは人間には予測できません。誰《だれ》が新型コロナウイルスの世界的な猖獗《しょうけつ》を予想したでしょうか。何が起こるかは一〇〇％偶然《ぐうぜん》（運）です。人間はそれに対して適応することしかできないのです。このことがわかれば、人間はもっと謙虚《けんきょ》に、かつお互《たが》いを思いやることができるようになるでしょう。

一月九日

吉《よし》行《ゆき》和《かず》子《こ》
俳優
（1935〜）

人生は、毎日がスタートライン

「燦燦―さんさん―」という映画の中で、私の役の女性が言った言葉です。

彼女《かのじょ》は夫の介護《かいご》を何年もやり、夫の亡《な》くなった後、目標がなくなってしまいます。

そのとき、夫がいつも言っていた、「毎日がスタートラインだよ」という言葉を思い出します。

そして、なんと、彼女は七十七歳《さい》にして、婚活《こんかつ》を始めるのです。

そんな役をやっているとき、私も元気になっていました。

一月十日

津《つ》本《もと》 陽《よう》 作家（1929〜2018）

うまくなる作品の特《とく》徴《ちょう》は……

「うまくなる作家の作品の特徴は、削《けず》らねばならない部分があるもの。うまくならない作品の特徴は、継《つ》ぎ足さねばならない部分があるもの」

この言葉は忘れていては、ときどき思いだす。年の大きく離《はな》れた兄貴のようにかわいがってくれた小説家の先輩《せんぱい》・富《ふ》士《じ》正晴《まさはる》氏の言葉だ。

冗談《じょうだん》ばかりいっているようで、あとになっておどろかされる、観察眼のひらめきをあらわした。

この言葉も、月日が経《た》っても思いだす深い味わいをそなえている。

一月十一日

大山《おおやま》康晴《やすはる》
棋士／第十五世名人（1923〜1992）

助からないと思っても助かっている

職業柄《がら》、ともすると悲嘆《ひたん》の極限に達する。もっともどんな道を歩く人でも、もうだめだと思うことが幾度《いくど》かあるはずだ。この時、この言葉を思い出して、もう一度よくかみしめてみることだ。必ず何らかの道が開けて来るから不思議である。故河井寛次郎《かわいかんじろう》氏の陶板《とうばん》に書かれているこの言葉は、私の何十年来の心のささえになってくれた。何度か振《ふ》り返り、高所から見下ろして、反省してみると、助かる道は必ずあるものだ。

一月十二日

大《たい》鵬《ほう》幸《こう》喜《き》

大鵬部屋親方

(1940〜2013)

忍

私は忍の一字が好きだ。そして部屋のものにもこの心についてよく話す。

人生には必ず苦境に立つ時がある。しかし、たとえ苦境に立っても、忍耐《にんたい》づよく辛抱《しんぼう》すれば運は必ず向いてくるものだと思っている。

一月十三日

櫻井《さくらい》よしこ
ジャーナリスト

行《ぎょう》ずれば、証《あかし》、その裡《うち》に在《あ》り行ざれば、証、得ることなし

ジャーナリズムの分野ですべきことは、とにかく、自分自身が疑問や悩《なや》みにぶつかったら、取材をするということに尽《つ》きる。あらかじめ思いこみを抱《いだ》かないように、自分の心を広く保つことだ。

また、往年とは異なり、情報はデータベースなどを駆使《くし》すれば容易にある程度まで、手に入れることが出来る。けれど、実際に自分で足を運び、当事者たちの言葉をきくと、思いがけない事実を知らされて驚《おどろ》くことがある。

行動のなかにこそ、全《すべ》ての答えが隠《かく》されていると感ずるのだ。

一月十四日

長嶋《ながしま》茂雄《しげお》

元・読売巨人軍監督
（1936〜）

虚心

私たち勝負の世界では、昔から「無心になれ」といわれ続けているわけですが、無心とは何も考えるな、ではなく、こうしていろいろ振《ふ》り返ってみると、「虚心《きょしん》」といったらいいのか、わだかまり、先入観を持たない、素直《すなお》な態度をとることではないかという気がします。

一月十五日

余裕を持って、「よい加減」に

河合《かわい》隼雄《はやお》

京都大学教授（1928～2007）

家族関係や、真の友人を持つことなどに、困難を感じている人も、一般的な人づき合いに無用の価値をおきすぎる傾向《けいこう》がある。「人づき合いを大切にしている」ことを不必要に広言する人は、本当の深い人間関係をもっていないと考えて、まず間違《まちが》いはない。人づき合いなどというものは、端的《たんてき》に言えば、「よい加減に」やっていると一番うまくゆくものである。よい加減にやればいいことを真剣《しんけん》にやる人は、だいたい、真剣にやるべきことをよい加減にやっているものである。人間は、いろいろと面白《おもしろ》いバランスの取り方をして生きているので、そのような生き方もわからないことはないが、あまり感心した方法ではなさそうである。

一月十六日

坂《ばん》東《どう》眞《ま》理《り》子《こ》
昭和女子大学理事長・総長（1946〜）

徳あるは讃《ほ》むべし、徳なきは憐《あわ》れむべし

これは道元禅師《どうげんぜんじ》の言葉で、周囲の人に心を乱されない魔《ま》法《ほう》の言葉です。

周囲の人が自分より優《すぐ》れていたり、成功し幸福になっているると、ついうらやましく思い、時にはねたむのが悲しい人間の性《さが》です。その時は、相手に何か長所あるいは幸運があるのだと、ほめるように努める。

一方、いじわるや陰口《かげぐち》を言ったり、ごまかしたり、嘘《うそ》を言う欠点・短所のある人には、対等な立場で腹を立てるのではなく、徳の薄《うす》い器《うつわ》の小さなかわいそうな人なのだと憐れむと、心が落ち着きます。

一月十七日

萩《はぎ》本《もと》欽《きん》一《いち》

TVタレント（1941－～）

いつも自然な形で

〝思いやり〟っていうのは、自分の立場ではなく、相手の気持ちになってものを考えるってことだから、たいへん難しいことかも知れないね。だけども、どんなことをするにしても、ボクは回りの人たちと気持ちよくやっていきたいし、そのためにも、自然な形で思いやりってものが出せるような人間でありたいなって、いつも思ってるの。

一月十八日

幸《こう》田《だ》真《ま》音《いん》
作家

Plan for the best,
prepare for
the worst.

（最善をめざし、最悪に備えよ）

夢に制限は無用です。毎日をワクワクしながら暮らしたいですものね。

だから計画は、思い切りベストのシナリオを描《えが》いて立てる。

ただ、災害は忘れた頃《ころ》にやって来るし、ヒューマンエラーは必ず起きるもの。なにもかもがすべて裏目に出たときの最悪の状況《じょうきょう》も忘れずに想定し、その備えさえしておけば、あとはめいっぱい楽しく過ごせます。

企業《きぎょう》経営もしかり、投資の鉄則でもあり、コロナ時代を生きる知恵《ちえ》でもありますね。

一月十九日

三遊亭円楽《さんゆうていえんらく》（五代目）
落語家（1933〜2009）

人生というのは、一人でいる時に何をしているかによって決まる

他人が見ていない一人の時に、勉強しているのか、それとも寝《ね》っころがってただ何となく過ごしているのか。それによって人生は大きく違《ちが》ってくる。口をあけて、人がものを放《ほう》り込《こ》んでくれるのを待つというのは、被《ひ》保護者、つまり一人前でない者のすることである。一人前の人間は受け身でいてはいけない。

一月二十日

谷《たに》川《がわ》浩《こう》司《じ》
棋士
（1962〜）

女神が微笑んでくれるのは

チャンスは誰《だれ》にでも、平等にやってくると思う。それに気づき、つかむには、日頃《ひごろ》から真面目《まじめ》にコツコツと努力して、力をつけておかないといけない。でなければ、微笑《ほほえ》んでくれるべき女神《めがみ》もスルリとすりぬけていくのではないだろうか。

一月二十一日

宗《そう》 茂《しげる》
旭化成陸上部監督
（1953～）

自信喪失が成長のとき

人生において、次々と目標をクリアし、人間的にも成長しているような人はそうそういるものではない。たいていは、自信と自信喪失《そうしつ》を繰《く》り返《かえ》しつつ生きているのである。大事なのは、なにごとにもひたむきに取り組もうとする純粋《じゅんすい》な気持ちをいかに失わないかだと言えよう。

一月二十二日

大島《おおしま》 渚《なぎさ》
映画監督
(1932〜2013)

喜ぶべきことに素直に喜ぶ

よいこと、楽しいことがあれば、私はいつでも素直《すなお》に喜んだ。時々、喜ぶべきことに素直に喜べない人間がいる。そういう人を私は好きにはなれなかった。そういう人とは自然に袂《たもと》をわかった。私の周囲にはいつも笑い声が絶えないようでありたかったし、事実そうだった。

しかし、そういうことに、ある時期までは自覚的ではなかったと思う。四十をすぎて、自覚的にもそうありたいと思うようになった。自分から素直になりたいと思うようになったのである。

遠藤《えんどう》周作《しゅうさく》

作家
（1923〜1996）

我、すべてを委《ゆだ》ね奉《たてまつ》る

言うまでもなく、これは聖書でイエスが十字架《じゅうじか》にかけられ、最後の息を引きとる時の言葉である。邦訳《ほうやく》聖書では他《ほか》の訳になっているが、私は仏訳の「すべてを委ね奉る」という表現のほうが好きだ。なぜなら、そこにはイエスのあらゆる苦闘《くとう》の上で、なおより高きものの意志に従おうとする完全な自己放棄《ほうき》と神への信頼《しんらい》感が「すべてを委ね奉る」という言葉ににじみ出ているからである。そのような心境で自分も臨終を迎《むか》えたいと思うが、そこまで到達《とうたつ》するのはあまりに難しい。だが好きな言葉である。

一月二十四日

佐伯《さえき》チズ

美容家／美肌顔師（1943〜2020）

手は最高の道具、大切にしなさい

祖父母に育てられた私は、ことあるごとに「なんで？」「なんで？」とついて回り、聞いて回る子でした。その度《たび》に、祖父母は私に、物の道理や命の重み、生き物への感謝などあらゆることを、一つひとつ丁寧《ていねい》に答えてくれました。

その祖父が言った忘れられない言葉のひとつが、「手は最高の道具、足は最高の道具、大切にしなさい」。この手が、この足があるから仕事ができる。大切に扱《あつか》いなさい。

そして、親に感謝、自然に感謝、すべてに感謝する気持ちが両手を合わせる心になり、今でも「おじいちゃん、今もこの言いつけを守っていますよ」と日々、手を合わせ合《がっ》掌《しょう》しています。

一月二十五日

さだまさし

シンガーソングライター
（1952〜）

人であれ、仕事であれ、〝好きになろう〟とすることが第一歩

好きになってしまえば、多少の無理は出来るはずなのだ。しかも疲《つか》れない。集中力が生まれるので充実感《じゅうじつ》がある。いいものも出来る。これがストレスも砕《くだ》く。

山本《やま》《もと》七平《しち》《へい》 山本書店主（1921〜1991）

一日一生

内村鑑三《うちむらかんぞう》の言葉、というより彼が編纂《へんさん》した聖書の言葉の集録の書名である。いわば一日一聖句という形になっており、その聖句についての彼の感想が記されている。

だが私はその内容よりも、この一日一生の題名の方が好きで、内村もそうであったのではないかと思っている。というのは、題名を離《はな》れてこの言葉を揮毫《きごう》している場合があるからである。内容の説明は必要でないであろう。

一月二十七日

大野《おおの》豊《ゆたか》

広島東洋カープ投手（1955〜）

気持ちを前向きに

勝負事の世界だけに、気持ちにゆとりを持ってプレーするのは実際のところ難しいが、やればできるんだとプラス思考で登板するようになってからは、ずいぶん精神的には楽になった。苦しいばっかりだった以前とは異なり、今はバックを信頼《しんらい》し、半分楽しみながら投げている。もし、周りから見てゆとりがあるように感じられるとしたら、そうした前向きな気持ちを持てるようになったからではないだろうか。

一月二十八日

馬場《ばんば》章夫《ふみお》

ラジオパーソナリティー（１９３９〜）

喋り上手はきき上手

毎日いろんな人を取材し、お喋《しゃべ》りをしながら本音をきき出す仕事。まもなく八十歳《さい》になる私の生業《なりわい》だ。ここで突然《とつぜん》だが、私が取材でよく使う、初対面の人の心を開き本音をひき出す方法を本邦《ほんぽう》初公開してみたい。私は先方様へ、取材しに行くのではなく、謙虚《けんきょ》な気持ちになって取材されに行くという心積もりで出かける。自己紹介《しょうかい》から始めてもいい。自分がまずハダカになる。相手様も必ず心を開いてくれる。最後にもう一つ。お喋りビジネス半世紀の私が一番大事にしている言葉は「喋り上手はきき上手」。

一月二十九日

安《あん》藤《どう》和《か》津《づ》　エッセイスト／コメンテーター

人生は長い散歩
愛がなくては歩けない

これは、家族全員が力を合わせて製作に参加した映画「長い散歩」のキャッチコピーです。

夫が映画監督《かんとく》になって以来、経済的にもどん底で、その上、母の在宅介護《かいご》も始まりました。四面楚歌《しめんそか》のその状態を支えてくれたのが、やはり家族の愛でした。何かあったらお互いに手を差《さ》し伸《の》べ合い、乗り越《こ》えてきました。一人、一人に心からありがとうと感謝しています。

お蔭様《かげさま》でこの映画は、モントリオール国際映画祭でグランプリを受賞しました。

この言葉は、私にとって家族の愛と絆《きずな》の言葉なのです。

一月三十日

山折哲雄《やまおりてつお》
国際日本文化研究センター教授
（一九三一〜）

僧《そう》に似て塵《ちり》あり、俗《ぞく》に似て髪《かみ》なし

芭蕉《ばしょう》の『野ざらし紀行』に出てくる言葉である。ときに芭蕉四十一歳《さい》。伊勢、奈良、吉野、京都を旅して、江戸にもどっている。

自分は頭陀袋《ずだぶくろ》をさげ、手に数珠《じゅず》をもって僧の姿に似せているが、実は世俗の塵にまみれている。それならば、全くの俗人かといえば、そうでもない。髪を剃《そ》りおとしているからだ。

かつて十三世紀の親鸞《しんらん》も同じようなことをいった。何ものにもとらわれない生き方をいったものであろう。現代人にも通ずる旅の心得である。

一月三十一日

やなせたかし

絵本作家（1919〜2013）

エラクナッチャイケナイ
ミットモナイ

自作の詩の一節である。

ぼくは絵本の仕事をしている。幼児にはいっさいの権威《けんい》も名声も関係がない。

自分の好きな絵本をえらぶ、それならば、その作者にも権威も名声も不要ということになる。巨匠《きょしょう》なんかになる必要はない。

凡人《ぼんじん》のぼくは時々少し慢心《まんしん》して得意になったり、いばったりしそうになる。

そんな時、ぼくはつぶやく

　エラクナッチャイケナイ
　ミットモナイ

二月

一日 九重貢 元・横綱千代の富士
二日 毛利衛 宇宙飛行士／日本科学未来館名誉館長
三日 田坂広志 文筆家／多摩大学大学院名誉教授
四日 佐藤愛子 作家
五日 河合隼雄 京都大学教授
六日 土門拳 写真家
七日 さいとう・たかを 劇画家
八日 川淵三郎 日本トップリーグ連携機構会長
九日 今村昌平 映画監督
十日 村上祥子 料理研究家
十一日 藤子不二雄Ⓐ 漫画家
十二日 山岡荘八 作家
十三日 野中ともよ
十四日 岡本太郎 洋画家
十五日 谷村新司 シンガーソングライター／音楽家
十六日 井上靖 作家
十七日 梅原猛 京都市立芸術大学学長
十八日 八坂裕子 詩人
十九日 北杜夫 作家
二十日 栄久庵憲司 GKインダストリアルデザイン研究所所長
二十一日 平山郁夫 日本画家
二十二日 実相寺昭雄 映画監督
二十三日 手塚治虫 漫画家
二十四日 松本清張 作家
二十五日 長嶋茂雄 元・読売巨人軍監督
二十六日 里見浩太朗 俳優
二十七日 金美齢 評論家
二十八日 佐伯啓思 京都大学名誉教授

二月一日

自分にだけは決して負けない

九重《ここのえ》貢《みつぐ》
元・横綱千代の富士
（1955〜2016）

東京に行くことができる。それも飛行機に乗せてもらえる。ただそれだけの理由で、私は中学二年のときに相撲《すもう》部屋にやって来ました。

当時は、まわしを締《し》めるのが恥《は》ずかしく、相撲という競技にも関心がなかった。本当は陸上競技をやりたかったんです。だから中学を卒業したら、また北海道に帰ろうと思っていました。

俺は土俵の上で死ぬ

ところが、相撲部屋というところは、常に目の前に具体的な目標が見える所です。たとえば居並ぶ先《せん》輩《ぱい》たち。縦の世界ですから、しごきとも苛《いじ》めとも取れる仕打ちがしょっちゅうある。理由もなく殴《なぐ》られたりもする。その悔《くや》しさを土俵《どひょう》の上でぶつけるわけです。一旦《いったん》土俵に上がれば、もう先輩も後輩もない。頭から思い切ってぶつかっていく。そして稽古《けいこ》で先輩をやっつけたときの爽快《そうかい》感は何とも言えません。まあ、稽古の後で三倍くらいになって返ってきましたけど。

またこの世界は、番付が上がるほど待遇《たいぐう》も目に見えて良くなる。たとえば序《じょ》の口《くち》までは下駄《げた》ですが、三段目に上がれば雪駄《せった》を履《は》くことができる。幕下になれば博多《はかた》帯を締めることができる。食事も風呂《ふろ》もすべて番付の上の者から。

要するに目標がとても分かりやすいんです。取《と》り敢《あ》えずは雪駄を履くことが、入門のころの最大の夢でした。

相撲の世界で生きていく決心をしたとき、もちろん横綱《よこづな》になろうなどと思わなかった。それは余りにも遠過ぎる場所で、夢にさえなりえなかった。それよりも目の前の目標を一つ一つ達成していく。それが私の歩いてきた道でした。

ただ、自分自身にだけは負けたくなかった。一時期は肩《かた》の脱臼《だっきゅう》に悩《なや》まされました。左肩を十回、右肩を三回脱臼しています。その痛みだけでなく、稽古ができない苦しさ。怪我《けが》との戦いが何年も続きました。

しかし、ただの一度も相撲を辞《や》めようと思ったことはない。怪我をするのは、どこか自分に問題がある。怪我に負けることは、すなわち自分に負けること。それだけは絶対に許せなかったんです。大げさに言えば、人生に負けてしまうような気持ちだったのかもしれません。

「俺《おれ》は土俵の上で死ぬ」

自分でそう決めたからには、絶対に後には引くことができない。横綱になろうが、十両で終わろうが、そんなことは関係がない。自分の体と心が燃え尽《つ》きるまで取り続ける。そこにこそ、私自身の幸福感があったのです。

完全燃焼した者は、堂々としている

今、私は親方となり、多くの弟子《でし》を育てています。私には高校生の息子《むすこ》がいますが、同じような年《ねん》齢《れい》の弟子もたくさんいます。子供のような弟子たちのために、いったい自分は何をしてやれるのか。彼らの人生を、どうすれば幸せなものに導いてやれるのか。日々、そんなことを思い巡《めぐ》らせています。

数年前、中学三年の男の子が訪ねてきました。学校に行くのが嫌《いや》だから、相撲取りになりたいと言う。いわゆる不登校児です。私は彼に言いました。

「今、君がやるべきことは学校に行くことだ。やるべきこともできない人間が、相撲の世界でやっていけるはずはない。勉強ができなくてもいい。とにかく毎日学校へ行きなさい。そして、きちんと卒業できたら入門させてあげるから」

翌日から彼は、一日も休むことなく学校へ行きました。担任の教師がやって来て、どんなアドバイスをしたのか、と聞いてきたものです。そして一年後、彼は私の部屋の門をくぐりました。

やるべきことを見つけた少年は、真面目《まじめ》に稽古に取り組みました。しかし、残念なことに結果がでなかった。努力だけでは補えない、持って生まれた才能というものがある。そればかりは、私もどうすることもできない。五年間頑張《がんば》った後、彼は部屋を去っていきました。先輩が髪《かみ》を切ってやり、皆《みな》で送り出しました。そのとき彼は、とても満足気な表情を浮《う》かべていた。きっと、自分なりに完全燃焼《ねんしょう》したという自負があったのでしょう。

部屋を去った後、その青年は勉強をして調理師になりました。今もときどき部屋に来て、後輩たちのために美味《おい》しい料理を作ってくれます。

不登校だった少年が頑張って学校に行き、相撲の世界でたくましい精神を身につけてくれた。料理を作る彼の背中を見て、私は心から喜びを感じます。

芽が出ないまま部屋を去る人間は数知れない。その光景はいつ見ても寂《さび》しいものです。しかし、自分なりに燃え尽きた人間は堂々と部屋を後にする。そして、自信をもって次の人生に立ち向かっていく。ところが、何かに負けて出ていく人間は、深く肩を落とした後ろ姿を見せる。それは昔も今も変わりません。

弟子たちに何をしてやれるのか。もちろん相撲の世界で成功させてやりたい。でもそれ以上に、自分に負けない人間にしてやりたい。結果はともかく、自分で選んだ道で完全燃焼させてやりたい。それでこそ、人生に負けない人間が育つ。幸せを自分の手でつかみ取れる人間になれる。私はそう信じています。

自分に負けなかったことが一番の誇り

平成三年、夏場所初日。私は若武者・貴花田《たかはなだ》に敗れました。横綱在位十年。体はすでにボロボロでした。気迫《きはく》こそまだ残っていたが、体は完全燃焼しきっていた。あと一回優勝すれば、大鵬《たいほう》親方の最多優勝に並ぶ。周囲はそれを期待していました。しかし、その一回の優勝がどれほど遠くに感じていたか。それはきっと、私だけにしか分からなかったでしょう。

まだ貴花田が小学生だった頃《ころ》、私は彼に話しかけたことを覚えています。「君は体が大きいなあ。将来はお相撲さんになるの？」と。

その子が立派な青年になり、同じ土俵に上がってくる。時の流れを感じるとともに、私の心もどこか安堵《あんど》感に満ちていました。この若者にならなら角界を任せられる。とても幸福な引《ひ》き際《ぎわ》だったと思っています。

中学二年で東京へ出てきて、ひたすら相撲に打ち込んできた。怪我を克服《こくふく》しながら、何とか横綱の地位にまで登り詰めた。数多くの優勝も成《な》し遂《と》げてきた。そして今は、親方として部屋も持てた。力士としては幸せな人生だと思います。

でも、私自身が最も誇《ほこ》れるのは、横綱になったことでも、三十一回の優勝でもない。相撲という一つのことに完全燃焼したことです。決して自分に負けなかったことです。

この誇りがある限り、私は人生に立ち向かう勇気をもつことができる。どんな状況《じょうきょう》になっても、必ず幸福への道をみつけることができる。

結果など気にすることはない。今を必死に生きること。自分に負けない強さをもつこと。そこにはきっと、幸せへの道しるべが立っていると信じています。

二月二日

毛利《もうり》　衛《まもる》

宇宙飛行士／日本科学未来館名誉館長（1948〜）

真理は偉《い》大《だい》なる誤《ご》謬《びゅう》である

宇宙から見た地球は確かに丸い。それまで写真で見慣れた風景にもかかわらず、新鮮《しんせん》な感動を覚えた。今では当たり前のことも、五百年ほど前、ようやくコロンブスなどが命を賭《と》した航海によって証明された。この言葉は、私が学生時代に中谷宇吉郎《なかやうきちろう》の本で教えられた。

科学はその時代の知識で説明できる範囲《はんい》内で真理であり、新しい発見により、さらにそれを含《ふく》む新しい真理が見つかる。

科学技術の発展と、それによってもたらされた真理にたいして常に我々は謙虚《けんきょ》でなければならないと思っている。

二月三日

幸運は、不運の姿をしてやってくる

田《た》坂《さか》広《ひろ》志《し》
文筆家／多摩大学大学院名誉教授
（1951〜）

苦労の多い人生を歩んだ両親であった。子供の頃《ころ》からその姿を見てきたが、どのような逆境においても、常に光明を見つめて歩んだ母の姿から、いつか、自身も、人生を絶対肯定《こうてい》する生き方を身につけていた。その母が語っていたのが、この言葉。

いま、七十年の人生を振《ふ》り返《かえ》ると、「あの苦労や病気のお陰《かげ》で、成長できた」「あの失敗や挫折《ざせつ》のお陰で、この道に導かれた」ということが数限りなくある。

もし「大いなる何か」が我々の人生を導いているのであれば、その導きの声は、与《あた》えられた逆境の意味を肯定的に解釈《かいしゃく》する人間にだけ聴《き》こえてくるのであろう。

そこに、人生の深い味わいがある。

二月四日

佐藤《さとう》愛子《あいこ》
作家
（１９２３〜）

私《わたし》は男も女も単純で真《ま》っ直《す》ぐ、率《そっ》直《ちょく》な人を好もしく思う

人の気持ちばっかりアレコレ測って裏の裏まで気を廻《まわ》し、損得に心を使い、テクニックを弄《ろう》して人の好感を買う——そういう才能に長《た》けている人こそ、この世をソツなく渡《わた》り、出世して行くのであろうが、どうも私《わたし》は魅力《みりょく》を感じない。（だから何べん結婚《けっこん》しても苦労する）私が魅力的だと思うような人は、多くの場合、誤解されたり、損を引っ被《かぶ》ったり、下積みに甘《あま》んじていたりしなければならないのである。

二月五日

河合《かわい》隼雄《はやお》
京都大学教授
（1928〜2007）

決死の覚悟《かくご》

家族の本当の「対話」を望むなら決死の覚悟がいるなどと言うと、馬鹿《ばか》げたことを言うと、皆《みな》さんは笑われるだろうか。

決死の覚悟、というのが大げさにすぎると言われるなら、せめて「死を念頭において」くらいに言いかえてみよう。家族が死を忘れ、いつも楽しく生きることばかり考えて話し合っていても、それは意味深い対話にはなり難いのではなかろうか。えらいシンドイことやと思われるだろうが、シンドイことも必要とあらば共にやり抜《ぬ》こうというところに家族の存在意義があると思われる。

二月六日

土《ど》門《もん》拳《けん》

写真家

（1909～1990）

強く　やさしく

ぼくは写真家である。写真家であるが、主としてぼくの写真には強くグイとくい入ることはうまく出来ても、しかしやさしくの方は自分の性格のせいなのか、やさしくは出来ないのである。強くあって、やさしくあるということは矛盾《むじゅん》みたいに思える。一見して矛盾するようなこの二つの概念《がいねん》を一つに表わすことが、昔からぼくの望みである。このことは結婚《けっこん》する若いカップルにもいえるので、ぼくは勧めることにしている。若い二人は喜んで、この二つの言葉を受け入れている。

二月七日

さいとう・たかを
劇画家（1936〜2021）

たった一本の線でも感情を込《こ》めて描《か》け

中学二年生のとき、近所に住む仙人《せんにん》のような老人に日本画を習うことになった。しかし、くる日もくる日も、ただ一本の線を引かされた。

私は言われたとおりにしていたが、ある日「お前は何を考えて、その線を引いているのか」と聞かれ、「線を引けと言われたから」と答えた。

そのときに教えられたのが、この言葉である。線を描く私の仕事には、今でも大きくプラスになっている。

この老人が、有名な古文化研究家で、日本画家であることを、亡《な》くなられてから知った。——感謝——

二月八日

川《かわ》淵《ぶち》三《さぶ》郎《ろう》
日本トップリーグ連携機構会長（1936～）

斃《たお》れてのち已《や》む

中国の五経《ごきょう》『礼記《らいき》』にある言葉。

Jリーグがスタートして間もなく、「空疎《くうそ》な理念を弄《もてあそ》ぶチェアマン」とある権力者から揶揄《やゆ》された。そのときに最初に思《おも》い浮《う》かんだのが、この言葉。「負けてたまるか、今に見ておれ、絶対に成功させるぞ」と心に強く誓《ちか》った。死ぬまで意志を貫《つらぬ》き通すという言葉は、苦境に立ったときにいつも自分の支えとなっている。

でも揶揄されたおかげで、Jリーグの理念が世間に大きく認知《にんち》されるようになった。そういった意味では、その権力者は恩人と言える。

二月九日

今《いま》村《むら》昌《しょう》平《へい》
映画監督（1926〜2006）

「サヨナラ」ダケガ人生ダ

于武陵《うぶりょう》という詩人の「勧酒《かんしゅ》」の一節。私の尊敬する井伏《いぶせ》鱒二《ますじ》氏の名訳である。

コノサカヅキヲ受ケテクレ
ドウゾナミナミツガシテオクレ
ハナニアラシノタトヘモアルゾ
「サヨナラ」ダケガ人生ダ

私は五十歳《さい》を過ぎてから、しばらく医者に禁じられていた酒を飲みだし、酔余《すいよ》この詩を口ずさむのが癖《くせ》になった。

私の酒ごときはまだまだなのだ。この詩に流れる闊達《かったつ》さと自由には遠く及《およ》ばないのだ。もっと愉快《ゆかい》に、もっと放埒《ほうらつ》に、もっと自由に、まだまだ……と思いながら私はポケットから薬を取り出し、卑屈《ひくつ》にこれを飲む。

二月十日

村《むら》上《かみ》祥《さち》子《こ》

料理研究家

チャンスの神様は前《まえ》髪《がみ》しかない！

母は小学生の私に、よくこう言いました。

当時の私は「前髪しかないなんて、ずいぶんヘンな神様ね」と思っていましたが、後に、イギリスのイートン校の校訓だと知りました。

「チャンスだと思ったらすぐつかむ。その後、活《い》かす方便を考える。そのためにいつも考え続ける。頭の隅《すみ》にあればこそ、チャンス到来《とうらい》を見逃《みのが》さない」ということだとか。

人生は思うようにはいかない。いつも前進あるのみ。済んだことはくよくよしない。一晩休んだら、いやなことは忘れる。そして、ちゃんと食べる！　好きなことをする！

七十九歳《さい》のいまの私のファイトと自立心を支える言葉です。

二月十一日

藤子不二雄《ふじこふじお》Ⓐ

漫画家（1934〜2022）

なろう　なろう
あすなろう
明日は檜《ひのき》になろう

（井上靖《いのうえやすし》『あすなろ物語』）

井上靖著『あすなろ物語』にでてくる言葉だが、ぼくは大好きだ。

あすなろ（翌檜）はヒノキ科の常緑高木で、ヒノキに似ているが、ヒノキではない。

ぼくにとってのヒノキは、あの手塚治虫《てづかおさむ》先生だ。昭和二十一年、手塚先生のデビュー作『新宝島』を見て、漫画家《まんがか》に憧《あこが》れた時から手塚先生がヒノキだった。〈いつか手塚先生みたいな……〉と夢を見ながら〝あすなろ人生〟を送ってきたが、ついにはヒノキになれなかった悲哀《ひあい》を今かみしめているのだ。

しかし、これまでの漫画家人生をやってこられたのも、この〝あすなろ〟の気持ちがあったから……というのも確かなことである。

二月十二日

山《やま》岡《おか》荘《そう》八《はち》
作家
（1907〜1978）

生命の活用

人間には天命があり運命があり宿命がある。これらのものをどう操作してゆくかの主体はわが生命である。この関係を自覚しないと人の一生は果てしもない無明の旅におわる。人間尊重とは天命を知って、運命をひらく努力を重ねながら、宿命に泣く子孫を残さぬように配慮《はいりょ》（智恵《ちえ》）することだ。この智恵の集約が道徳である。道徳とは、この道を行けば安全だという道路標識。守るものは得をし、守らぬものは破滅《はめつ》する。守れ、守らぬの問題ではないらしい。

二月十三日

野《の》中《なか》ともよ
（1954〜）

挫折は失敗の親方じゃない

挫折《ざせつ》は失敗の親方ではないのだ。挫折なんていう言葉はできれば、私の辞書から抹殺《まっさつ》してしまいたい。失敗はたくさんある。成功に到らなかったことを失敗と呼ぶだけで、ゼロからみれば、失敗も一つのイベントじゃないか。失敗のおかげで自分のいたらなさがみえてくる。それはステキなエネルギーそのもの。ちょっと仲良くしてみてもいいかなぁ、と思ったものの勝ちなのです。

二月十四日

岡《おか》本《もと》太《た》郎《ろう》

洋画家

（1911〜1996）

積みへらし人生

人生は積み重ねだと誰《だれ》でも思っているようだ。私は逆に、積みへらすべきだと思う。財産も知識も、蓄《たくわ》えれば蓄えるほど、かえって人間は自在さを失ってしまう。過去の蓄積《ちくせき》にこだわると、いつの間にか堆積物《たいせきぶつ》に埋《う》もれて身動きができなくなる。

人生に挑《いど》み、本当に生きるには、瞬間《しゅんかん》瞬間に新しく生まれかわって運命をひらくのだ。それには心身ともに無一物、無条件で生きなければならない。捨てれば捨てるほど、いのちは分厚く、純粋《じゅんすい》にふくらんでくる。

二月十五日

谷村《たにむら》新司《しんじ》
シンガーソングライター／音楽家
（1948〜）

ハンド・イン・ハンド

手をつなぐなんてダサいよ。そう言った人間が僕《ぼく》のまわりにはいっぱいいいた。心からそう思う人はそれも一つの価値観だから、それでいいと思う。でも、ほんとうは手をつなぎたいのに、やたらポーズやカッコをつけて拒否《きょひ》する人は、とても寂《さび》しいと思う。自分がしたいと思うんだったら、ちょっと勇気を出して、素直《すなお》になればいいのに——。

自分らしさって、やっぱり自分の内面だと思う。いくら着飾《きかざ》ったって、いくらカッコつけたって、そんなものから自分らしさは生まれてこない。僕はそう思いたい。

二月十六日

井《いの》上《うえ》靖《やすし》
作家
（1907〜1991）

養之如春

郷里（伊豆）の家の二階の座敷《ざしき》に〝養之如春〟（これを養うや春の如《ごと》し）と書いた横額がかかっている。

何事であれ、もの事を為《な》すには、春の陽光が植物を育てるように為すべきだという意味である。〝これを養う〟の〝これ〟には何を当てはめてもいい。子供を育てることも、愛情を育てることも、仕事を完成することも、病気を癒《いや》すことも、みな確かに、あせらず、時間をかけてゆっくりと、春の光が植物を育てる、その育て方に学ぶべきなのである。

二月十七日

梅《うめ》原《はら》猛《たけし》
京都市立芸術大学学長
（1925〜2019）

密なるものの語る声は静か

私は、他人の言葉に動かされたことは、ほとんどない。一見、他人の言葉に動かされて動いたように見えて、結局、私自身の道であった。

従って心に響《ひび》く他人の言葉を思い出すことはむつかしい。むしろ思い出すのは、私の自身の心の中から、わき上がった言葉である。

それは、「密なるものの語る声は静か」という言葉である。深い真理は、いつも、どこかで私たちに語りかけているのである。その静かなる声を聞け。

私は、この言葉故《ゆえ》に今日また、新しい学説を語り続けているのである。

八坂《やさか》裕子《ゆうこ》
詩人

自由とは、自分自身であることができる力だ。

十代の頃《ころ》から、ドキッとする言葉に出逢《であ》うとノートにつけてきた。

その中で、年齢《ねんれい》を重ねるごとにどんどん好きになるのが、イギリスの作家G・K・チェスタトンのこの言葉だ。最初は背のびして、「ふ〜ん」程度で、意味は半分もわかっていなかったが、今では「そうよ、そうよ」と思う。

自分自身の成長にあわせて、自分の自由も成長する。この言葉とのつきあいにゴールはない。

二月十九日

北《きた》 杜《もり》夫《お》
作家
（1927〜2011）

おのれ自らを知れ

デルフォイの神殿《しんでん》に刻まれていたというこの言葉は、人類の残した最大の箴言《しんげん》だと私は思っている。

この言葉は、ごく簡単な意味合いから、ごく深遠な奥深い智慧《ちえ》をも同時に含《ふく》んでいる。そして、私たちは「真に自分を知る」ことのできぬ悲しい生物なのである。

東西の冷戦が収まっても、相変わらずどこかの国では内戦がドンパチやっている。民族、宗教の争いは一向に直らない。

しかし、平和を望む人、善意に燃えている人も多いだろうと人は言うかも知れない。しかし、そういう一見立派な人間の深部には、「善」と共に必ず「悪」もあるものなのだ。このことはフロイト他多くの学者がとうに証明している。

私たちはこの自分の無意識界の中にある「悪」を何とかして知らねばならない。そうして、「にもかかわらず」愛とか平和への意志を奮い起こさねばならない。

二月二十日

栄久庵憲司《えくあんけんじ》
GKインダストリアルデザイン研究所所長（1929〜2015）

万物皆《みな》心あり

現代人は、新しいものの世界に夢を託《たく》した筈《はず》なのに、いま、ものを怖《おそ》れ、日々道具に傷ついている。

人の世界でも自らを優位に、相手を劣位《れつい》にみれば手痛い反撃《はんげき》は必定《ひつじょう》。道具を心なき奴隷《どれい》とみる、その姿勢がいま痛《つう》棒《ぼう》をくらっているのではないか。家族の乱れ、住まいの無《む》秩序《ちつじょ》、都市の荒廃《こうはい》、いずれも人から対話を断たれた道具の淋《さび》しい境涯《きょうがい》を恨《うら》んでなせる業《わざ》ではないか。

万物皆心あり。道具の心根を知り、ものに敬意をはらって、よい交際《つきあい》を恢復《かいふく》したい。

二月二十一日

平山《ひらやま》郁夫《いくお》

日本画家（1930〜2009）

時流を超《こ》えて新旧のことを学ぶように

私が東京美術学校（現東京芸術大学）日本画科へ入学したのは昭和二十二年でした。

敗戦間もない混乱期でしたが、大叔父《おじ》清水亀蔵《しみずかめぞう》（金工家）は入学に際し「日本は第二次大戦で敗れたが伝統的な文化まで総《すべ》て否定されたのではないから時流を超えて新旧のことを学ぶように」と激励《げきれい》されました。

この言葉は今日までも生き続け私の芸術観の礎《いしずえ》となりました。

二月二十二日

実相寺昭雄《じっそうじあきお》

映画監督（1937〜2006）

どうせ死ぬんだから

使いもしないのに、物が溢《あふ》れる。コレクションをしている訳ではないが、無駄《むだ》な物が溜《た》まる。するうち、妙《みょう》なブランド志向が心に芽生え、物に捉《とら》われはじめる。後生大事に、高級酒やら、時計やら、装飾品などを、愛《め》でるようになる。機械物にしろ、次々に店頭に並ぶ新品に心を奪《うば》われる。完全に物に振《ふ》り回される〝生〟となる。でも、女房《にょうぼう》の一言で、目が覚めた。物や金をかかえて、冥土《めいど》に旅をする訳じゃない。とっておいても、仕様がないのだ。生きてるうちに、呑《の》め、使え、である。

ブランドに身を飾《かざ》るより、一片の雲に目を慰《なぐさ》め、一陣《いちじん》の風に頬撫《ほおな》でられる方が、どれほど、ましか。とにかく、いまある酒も、全部空にしてから、あの世へ行こう。どうせ、死ぬんだから。

二月二十三日

手《て》塚《づか》治《おさ》虫《む》

漫画家（1928〜1989）

人の一生は重荷を負うて
遠き道を行くがごとし
急ぐべからず
不自由をつねと思えば不足なし
いかりは敵と思え

徳川家康《とくがわいえやす》の養生訓である。ぼくが少年時代にこの言葉を知ったのは、なんとあるマンガ本だった。マンガの人物のふと口ずさんだことばが、ついにぼくの座右《ざゆう》の銘《めい》になってしまったのだ。

若者たちは、なぜかひどくあせって栄光と富を得ようとする。かれらにもあのマンガを読ませたい気がする。

二月二十四日

松本《まつもと》清張《せいちょう》 作家（1909〜1992）

手に職を

わたしの母は明治十八年の生まれで、広島県の田舎《いなか》に育ち、小学校にも行かず、読み書きができなかった。父やわたしが新聞や本に読みふけるのをたいへん羨《うらや》ましがっていた。

そのかわり底辺の生活で得た知恵《ちえ》があった。母がわたしに言い聞かせた言葉に、「手に職をつけよ」があった。手に職さえあれば、たとえ貧乏《びんぼう》でも一生食いはずれはないというのである。まことに素朴《そぼく》な「教訓」だが、教育をうけてない者には世の荒波に処す鉄則だったのだ。この母の「教訓」はわたしの越《こ》し方に生きている。二十をすぎて印刷屋の職人見習いになった。そこから得た「特技」によって、朝日新聞社にも入れた。学歴のない者が事務屋になっていたら、今はどんなことになっていたかわからない。

「手に職を」には、現代ではいろいろな意味がある。なにも技術だけとはかぎらない。他《ほか》の人がもたない特徴《とくちょう》、ある分野で他より秀《ひい》でた特徴、そのための努力というふうにわたしは解釈《かいしゃく》している。

二月二十五日

長嶋《ながしま》茂雄《しげお》

元・読売巨人軍監督（1936〜）

洗心

ぼくの青春時代はユニホームを着て「勝った、負けた」の明け暮れだった。「自分のバットで勝ちたい」という思いをとげるためにはがむしゃらに練習するしかない。

しかし勝負だからわるい結果もでる。よく「長嶋は気分転換《てんかん》がうまい」といわれたが、こんなときは夢中でバットを振《ふ》り、悔《くや》しさを吹《ふ》き飛ばしていたのだ。

勝負に限らず、事に臨《のぞ》むときはフレッシュな気持ちが大切である。いまは勝負を離《はな》れているが、つねに〝洗心〟、新鮮《しんせん》な心を持ちつづけたいと願っている。

二月二十六日

里見《さとみ》浩太朗《こうたろう》 俳優（1936〜）

不断の努力

私の長い芸能生活の中では、先輩《せんぱい》や友人そういった方々の言ってくれた心に残る素晴《すば》らしい言葉がたくさんございます。

今、六十年の芸能生活、そして八十年の人生を迎《むか》えてふと思い出すのが、この不断の努力という言葉です。

この言葉を初めて聞いたのは、高校生のときでした。国語の先生が何かのときに話してくれた言葉です。毎日毎日、欠く事のない努力をすること。

そのときはただ漠然《ばくぜん》と聞いていたのに、八十年という長い人生を送って来た今、果たして私の生き方がそうであったのかと、思うのです。

ですが、芸能生活六十年を迎えた今も現役《げんえき》でいるというところに、努力をした自分だから⁉　と思いたい自分がいることはたしかです。

東映撮影所《さつえいじょ》の中の俳優会館の四階の道場に、私の書いた額があります。これから俳優をめざす若い人達《たち》に残したい言葉として書きました。

「不断の努力　団結は功なり」

二月二十七日

金《きん》美《び》齢《れい》
評論家

貴女《あなた》の言うことは正論だが、時には笑いとばすのも必要

稀代《きたい》のコラムニスト、故・山本夏彦《やまもとなつひこ》氏にずばり痛い所を突《つ》かれたのは、十数年前のミニコミ誌での鼎談《ていだん》だった。なぜか文章の神様、山本夏彦、徳岡孝夫《とくおかたかお》の両氏との組合せ。「夏彦の写真コラム」『週刊新潮』、「笑わぬでもなし」『諸君！』を仰《あお》ぎ読んでいた駆《か》け出しの私は、一生に一度の機会に舞《ま》い上がっていた。主題が何だったかは覚えていないのに、冒頭《ぼうとう》の言葉だけは忘れない。

当方に一番欠けているのは、今でもユーモアのセンスなのだ。

二月二十八日

佐伯《さえき》啓思《けいし》
京都大学名誉教授
（1949〜）

哲《てつ》学《がく》は深い悲しみから始まる

哲学者、西田幾多郎《にしだきたろう》はこう述べています。

「哲学の動機は驚《おどろ》きではなくして深い人生の悲哀《ひあい》でなければならない」（『無の自覚的限定』より）

彼《かれ》の人生は、五人の子供を亡《な》くし、他《ほか》にも近親者を次々と失うというたいへんにつらいものでした。そうした人生を見据《みす》え、その上に独自の哲学を作り出しました。

この西田の人生を想《おも》うと、いつも叱咤《しった》、激励《げきれい》されている気になります。哲学とはいわずとも、学問や知識というものは、常に、自分の人生と結びついたものなのです。

三月

一日　本田宗一郎　本田技研工業㈱取締役最高顧問

二日　佐々木常夫　佐々木常夫マネージメント・リサーチ代表取締役

三日　三屋裕子　学習院大学講師

四日　岡　潔　奈良女子大学名誉教授／理学博士

五日　椋　鳩十　童話作家

六日　池坊専永　華道家元四十五世

七日　外山滋比古　お茶の水女子大学名誉教授

八日　山田洋次　映画監督

九日　向田邦子　放送作家

十日　ハナ　肇　クレージー・キャッツ リーダー

十一日　篠田桃紅　美術家

十二日　吉田秀和　音楽評論家

十三日　大森一樹　映画監督

十四日　桂　文珍　落語家

十五日　石井ふく子　TVプロデューサー／舞台演出家

十六日　二世野村万作　狂言師

十七日　佐々木信也　野球解説者

十八日　草野　仁　テレビ・キャスター

十九日　寿岳章子　エッセイスト／新村出記念財団理事長

二十日　高橋睦郎　詩人

二十一日　児玉　清　俳優

二十二日　池辺晋一郎　作曲家

二十三日　渥美雅子　弁護士／女性問題評論家

二十四日　畑　正憲　作家

二十五日　村上和雄　筑波大学名誉教授／遺伝子工学者

二十六日　新藤兼人　映画監督

二十七日　里中満智子　漫画家

二十八日　宗　猛　マラソンランナー

二十九日　樋口裕一　作家／多摩大学名誉教授／白藍塾塾長

三十日　坂　茂　建築家

三十一日　江崎玲於奈　ノーベル物理学賞受賞者

猿まね反対

本田《ほんだ》宗一郎《そういちろう》
本田技研工業(株)取締役最高顧問
(1906〜1991)

一九四九年(昭和二十四年)八月十七日、旧盆《きゅうぼん》も明けたむし暑いこの日、日本中は早朝から湧《わ》きに湧いていた。

アメリカ、ロスアンゼルスから電波に乗って報道された〝フジヤマのトビ魚〟古橋広之進《ふるはしひろのしん》選手が全米水泳選手権大会の千五百メートル競泳で新記録をたて、日章旗を高々と掲《かか》げた快挙のニュースにみんな心を奪《うば》われ、久しぶりにバンザイを叫《さけ》びつづけていた。

当時は戦後、それも敗戦という暗い世相で、汽車の窓ガラスを破って乗り降りしたような混乱したときでもあった。こうしたとき、彼の世界一の記録はどれ程《ほど》国民の心を慰《なぐさ》め、勇気づけてくれたかしれない。私《わたし》もその一人である。

しかし私には古橋選手のように体力はないが、さいわい技術というものを持っている。技術、つまり頭脳による勝利をもたらしたら、今の日本人にどんな大きな希望を与《あた》えるかしれない。そして若い人々に日本人としてのプライドを持たせることも出来るに違《ちが》いない、と信じた。

このことをさっそく従業員に話し、「オートバイのグランプリレースに出て、優勝するまでやってみようではないか」と問いかけたら、みんなが、「社長、やりましょう」と目標がきまり、その日から私達の夢、英国マン島のＴＴレースへの挑戦《ちょうせん》がはじまった。

昭和二十九年三月、こうした夢と若い人々の情熱にかきたてられた私は、ＴＴレースに参加する旨《むね》を、代理店の人々の前に宣言し、六月には早々に実状を見にマン島に渡《わた》った。レースを実際に見てビックリした。英国製、ドイツ製、イタリア製その他各国の優秀なレーサーがものすごい馬力で走っていた。われわれのオートバイの三倍もの馬力である。

これはえらいことを宣言してしまった。希望が達成される日はいつのことやら、となかば悲観し、なかばあきれてしまった。

私はそこで考えた。外国人にやれて日本人に出来ない筈《はず》はない、と。そのためには一にも二にも研究だと思い、帰国後直ちに研究部を設けた。当時この業界では研究部などもっているところはなかった。この研究部と設計部を統合して、昭和三十二年には技術研究所とし、更《さら》には三十五年七月に、株式会社本田技術研究所として独立した別会社を作り上げたが、これもＴＴレースが動機で、研究を徹底的《てっていてき》に進めよう、という考えから出発している。

この間にはいろいろなことが起こった。会社が資金面で苦しんだこと。国内のオートバイレースでは三年たてつづけに負けたことなど……。

この時などは若い者の口から、

「こんなに苦労しても勝てないなら、われわれも外国製をまねれば勝てるに違《ちが》いないから、そうしたらどうか」という声さえ出る程に苦しんだ。

しかし、われわれはその模倣《もほう》を捨てて、それを乗り越《こ》える努力を重ねつづけた。その結果、昭和三十四年のＴＴレースには一二五ccレーサーを完成、初参加することが出来た。その時の成績は六着に終わったが、初陣《ういじん》で六着という上位に食い込《こ》んだのは、このレースでも初めてのことだった。

それと共に、それまで日本製品というと、外国製品の模倣が多かったので、猿真似《さるまね》だ、という悪評が多かった。ところがわれわれのオートバイを見た人々は一ように驚《おどろ》きの眼《め》を見開いた。英国一流の新聞は「ホンダのオートバイは極めて独創的で、精巧《せいこう》な時計のように出来ている」と驚嘆と激賞の言葉で取扱ってくれたので、日本製品への汚名《おめい》を十二分に拭《ぬぐ》い去ることが出来た。

われわれは更に目標への努力をはらいながら連続出場を重ね、昭和三十六年には遂《つい》にメーカーチャンピオンを獲得《かくとく》し、ここに初志どおり世界一の野望を達成、栄光の座に着くことが出来たのである。

こうした長い歳月《さいげつ》の苦しみを、ひと口に言いあらわすならば、

〝成功とは九九パーセントの失敗に支えられた一パーセント〟

の一語につきるとつくづく思う。

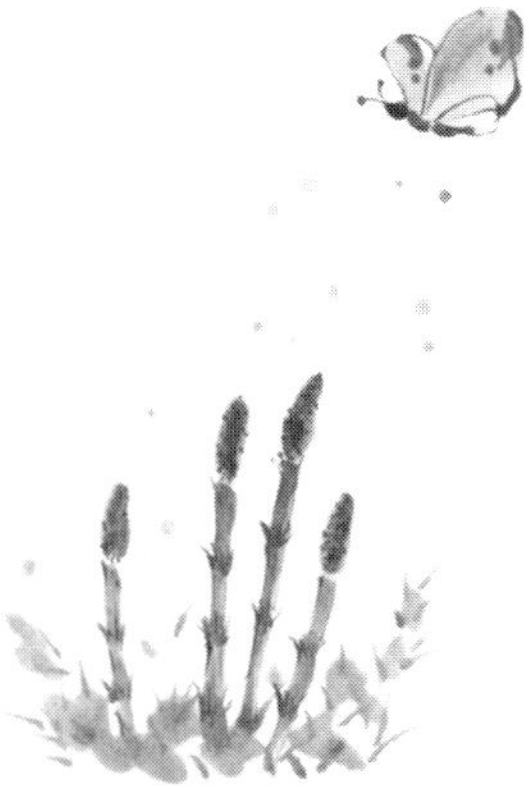

三月二日

佐々木常夫《ささきつねお》

佐々木常夫マネージメント・リサーチ代表取締役（1944〜）

強くなければ
生きていけない
やさしくなければ
生きる価値がない

レイモンド・チャンドラー

人はさまざまな困難に直面したり、厳しい競争を勝《か》ち抜《ぬ》かなければいけない場面に必ず遭遇《そうぐう》します。

それを乗りこえるためには「強さ」が必要です。

しかし、そうした強さがあっても、その強さが自己本位であれば周りの人を幸せにすることはできません。

人は独《ひと》りで生きているわけではなく「共に生きて」います。相手を思いやる「やさしさ」がなければ、周りの人たちからの信頼《しんらい》も愛情も得られず、本当の意味で幸せになれません。

自分は自分らしく

三屋《みつや》裕子《ゆうこ》
学習院大学講師
（1958〜）

人はそれぞれ、自分の個性を持って、自分の人生を生きています。周りから見て、それが少し多くの人の人生のスケジュールからはずれていても、それはその人なりに、意味を持っているはずです。年齢《ねんれい》というもので枠《わく》をはめ、制限してしまうことは、結局、自分らしい生き方を否定してしまうことになってしまうのではないでしょうか。

私は、今、三十代になって、「これから私の人生を私らしく生きていくのだ」、という確信のようなものが、ようやく出来てきたような気がします。何か目の前が急に開けたような軽《かろ》やかな気分なのです。

自分は、自分らしく――。これからも、そういう生き方を続けたいと思っています。

三月四日

岡《おか》 潔《きよし》
奈良女子大学名誉教授／理学博士
（1901〜1978）

情《じょう》

日本人は人と人との間に心が通い合います。それが情です。和英で情という字を引いてみると、フィーリング（感覚）とかエモーション（喜怒哀楽《きどあいらく》の情）という字しかありません。こんな浅いものでは仕方がありません。私たちは欧米《おうべい》を真似《まね》てはなりません。愛と情とは違《ちが》います。情は心が通い合うのですが愛は自他対立するのです。だから愛を連続的に変えてゆくと憎しみに変わるのです。私たち日本民族は情の民族であることを忘れてはなりません。

三月五日

椋《むく》鳩《はと》十《じゅう》
童話作家（1905〜1987）

あめつちの初《はじめ》は今日より始まる

北畠親房《きたばたけちかふさ》の言葉である。

人間は、茶碗《ちゃわん》やコップのように、一度、こわれたら、使いものにならぬというしろものではない。

どのような失敗があろうとも、心改めて、一大決心した、その時から、新しい人生が始まるのだ、と、私は、この言葉を解釈《かいしゃく》している。私のように、失敗の多い人間にとっては、この言葉は、心の支えになってくれるのである。

三月六日

池《いけの》坊《ぼう》専《せん》永《えい》

華道家元四十五世（1933〜）

無心になって自分をみつめ直す

寺院が信仰《しんこう》の有無《うむ》を問わずに人を受け入れるように、いけ花もわけへだてなく習いに来る人を受け入れる。が、願いごとをかなえる鍵《かぎ》も、いけ花の心を理解し、花の心の美しさを知るのも、結局は自分自身の心のあり方にかかっているのであり、そのためには無心になって自分をみつめ直すことが必要であろう。むやみに卑下《ひげ》せず過信せず、ありのままの姿にたちかえったときこそ甘《あま》えのない自分を発見することができるのではないだろうか。

三月七日

三分の人事 七分の天

外山《とやま》滋比古《しげひこ》
お茶の水女子大学名誉教授
（1923〜2020）

〝なせばなる——〟とか〝精神一到《いっとう》なにごとかならざらん〟といった考え方をなんとなく肯定《こうてい》していたから、この「三分の人事　七分の天」ということばにつよい印象を受けた。昔の中国の趙甌北《ちょうおうほく》の詩句「到老始覚非力取　三分人事七分天」による。どこであったか覚えていないが、松下《まつした》幸之助翁《こうのすけおう》の文章で教わった。歳《とし》をとるにつれて思い出すことが多く、近年しきりに口にしたり文章に書いたりする。人間は謙虚《けんきょ》でなくてはいけない、と自《みずか》らを戒《いまし》める。

※老に到《いた》りて始めて覚ゆ力取《りょくしゅ》に非《あら》ざるを
三分の人事、七分の天

三月八日

――山田《やまだ》洋次《ようじ》

映画監督（1931～）

「信頼《しんらい》」の上に立たない演技指導は無効である。

名監督《めいかんとく》であった伊丹万作《いたみまんさく》が、演技指導について書かれた「映画演出学読本」の中の文章の最後に、結語として書かれた言葉がこれ。

ぼくは、ひとつの映画の撮影《さつえい》が始まる前に、必ずこの本を読むことにしている。いうなれば教科書であり、聖書である。

演技指導という言葉を「教育」に置きかえれば、学校の教師に与《あた》えられた書でもある。

尚《なお》、伊丹万作は『マルサの女』の伊丹十三《いたみじゅうぞう》監督のお父様にあたる。

三月九日

向田《むこうだ》邦子《くにこ》
放送作家
（1929〜1981）

言葉は怖ろしい

一番いけないのは、自分でそれと気づかず、相手も、グサリと刺《さ》されたことに気ぶりも見せずにいる場合である。言葉で人を傷つけてしまう人間というのは、概《がい》して自惚《うぬぼ》れの強い人間が多いので、得てして相手の痛みに気づかぬことが多いのではないだろうか。それを思うと、嫌《いや》になってくる。

言葉は怖《おそ》ろしい。

たとえようもなくやさしい気持ちを伝えることの出来るのも言葉だが、相手の急所をグサリと刺して、生涯《しょうがい》許せないと思わせる致命傷《ちめいしょう》を与《あた》えるのも、また言葉である。

三月十日

ハナ肇《はじめ》

クレージー・キャッツ
リーダー
（1930～1993）

大人のつきあいってのはケジメが必要

人と人とのつきあいのなかで僕《ぼく》が大事だと思うことは、その人との完璧《かんぺき》なつきあいが一〇〇パーセントとしたら、六〇パーセントくらいにとどめておく。あまり入り込《こ》まないということですね。つまり、大人のつきあいってのはケジメが必要だって気がするんです。あまり深く入り込んでいくと、いつもそういう状態を続けなきゃならないからしんどくなる。

三月十一日

篠《しの》田《だ》桃《とう》紅《こう》

美術家（1913～2021）

君看《み》ヨ雙《そう》眼《がんの》色《いろ》

思い。こみ上げるもの、抱懐《ほうかい》、尽《つ》きないもの、いっぱい、口には上《のぼ》せないもの、熱いもの、みなぎり溢《あふ》れるほどのものが、色という一文字に託《たく》され、その色を看よというきびしい出だしに惹《ひ》かれ、何かと言えばすぐ書きたくなる言葉である。

　下句の『不《ざ》レバレ語ラ似レ無愁』には一掬《いっきく》のやさしさがあり、続けて書くこともあるが、そしてそのほうが何となく安心だが、ほんとうは前句五字だけにしたい。

三月十二日

吉《よし》田《だ》秀《ひで》和《かず》
音楽評論家（1913〜2012）

物には決ったよさはなく……

「こころにひびくことば」といわれると、何だか特別な意味をもった重くてどっしりした言葉みたい。今の私には、それは少々うっとうしい。そうではなくて、もっと軽くて、生きいきしたもの。できたら、どこか遠くから、静かにきこえてくるような調《しら》べをもったものこそ好ましい気がする。

たとえば、こういう詩。

鶴《つる》

物には決ったよさはなく、
人にはそれぞれ好き嫌《きら》い、
お前の舞《ま》う姿がよいとのことだが、
わしは好き、お前のじっとしているとき。

白楽天（万足卓訳）

三月十三日

大森《おおもり》一樹《かずき》

映画監督（1952〜）

「打ちこむ」というのは
「打ち続ける」ことだろう。
少なくとも
「打つ」という瞬時の行為では
ないはずだと思う。

打ちこむというのは、「充実《じゅうじつ》した日々」を得るためのものでも、他《ほか》の価値あるものを得るためのものでもなく、もっと無償《むしょう》性のものなのだと思う。得られるものがあるとすれば、その無限に広がっていく気持ちの体験《トリップ》だけだ。そして、それは地獄《じごく》へもつながるし、天国へもつながるようだ。

さて、打ちこんでみる？

三月十四日

桂《かつら》文《ぶん》珍《ちん》
落語家
（1948〜）

表向きのやさしさなんてクソくらえ！

個人の意志をつらぬくには、相手を理解するゆとりも要《い》るのです。都会は益々《ますます》大きくなり、人々のコミュニケーションは少なくなりつつあります。知らんふりをしておこう！　争いごとをさけよう！　ぶなんなことで済まそう！　etc……、これではいつまでたっても、相手を理解出来ません。そして自分も理解してもらえません。トラブルをおそれていては相互《そうご》理解は無理です。表向きだけのやさしさなんてクソくらえ！　人間本来のやさしさはもっともっと大きなものだと思うのです。傷つくことをおそれていては、自分すら理解できない!!

三月十五日

石井《いしい》ふく子《こ》

TVプロデューサー／舞台演出家
（1926〜）

根気よく会話のキャッチボールを

人と人との会話は、よくキャッチボールにたとえられる。中には、こちらがしきりとボールを投げても、向こうに行ったきりで、ボールが返ってこないときがある。キャッチボールにならないのだ。

そういう場合、私はボールが返ってくるまで、投げ続けることにしている。根気よくそれをくり返していれば、いずれボールは必ず返ってくるはずと、信じているからである。

苦手な人だと避《さ》けて逃《に》げていたのでは、自《おの》ずと人間関係がせまく限られたものになってしまう。苦手な人にこちらからぶつかっていった先に、またどのような人間関係が広がっていくかしれないのである。

三月十六日

二世野村万作《のむらまんさく》
狂言師（1931〜）

狂言《きょうげん》はたゞ大竹の如《ごと》くにて直《す》ぐに清くて節《ふし》少なかれ

私どもの家で言い伝えられた歌であるが、もと歌道から来たようだ。芸で言えば、詞、型ともに、素直《すなお》さ、明快さが大事であるという本質を説いているようだ。修業《しゅぎょう》中の身であるならば、いたずらな技巧や自己主張に走らず素直に芸を摂取《せっしゅ》せよと言っているとも考えられよう。さらに一般論ならば、節は策略、狡猾《こうかつ》さとも受け取れ、竹のように真っ直ぐな、人間らしい生き方を求めた言葉だとも思えるのである。

三月十七日

佐々木《ささき》信也《しんや》

野球解説者（1933〜）

そのうちくるよ

私は楽観主義者ですから、不運なときでも、自分のところにチャンスはかならずやってくると信じています。そして、あせらないで、じっくり待ちます。

「そのうちくるよ」ぐらいの軽い気持ちでいた方が、実際にチャンスがきたときにうろたえず、うまくそのチャンスが摑《つか》めるようです。

三月十八日

草《くさ》野《の》仁《ひとし》

テレビ・キャスター（1944〜）

失敗したらやり直せばいい

失敗したらやり直せばいいし、目標が達成できなければ、もう一回チャレンジすればいい。そういう気持ちでいれば、人生そう捨てたものではない。

私はそんなふうに心を軽くしているのです。

三月十九日

寿《じゅ》岳《がく》章《あき》子《こ》
エッセイスト／新村出記念財団理事長
（1924〜2005）

リトゥル　ラム　フゥ
メイド　ジィ
リトゥル　ラム　フゥ
メイド　ジィ……

私がしょっちゅうつぶやくこの英詩の冒頭は、亡父※が生《しょう》涯《がい》の仕事としたウィリアム・ブレイクの英詩の一部分である。「小さな仔羊《こひつじ》よ、だれがお前を創《つく》った？」。

この詩にはあるアメリカ人がつけた曲もあって、よけい私には言いやすいことばとなっている。愛らしい仔羊への愛、そしてそれをみそなわす神へのことば。かわいらしい仔羊がぴょんぴょんはねて、それを人間がほほえみながらみつめているという風景を想起すると、腹立ちも悲しみも消《き》え失《う》せて、もの静かでやわらかな心情が私の胸をひたす。

ちっちゃな仔羊さん、誰があんたを創ったの？　ちっちゃな仔羊さん……。心は和《なご》む。

※ダンテの『神曲』の完訳などで知られる寿岳文章《ぶんしょう》氏

三月二十日

高《たか》橋《はし》睦《むつ》郎《お》　詩人（1937〜）

人間一生誠に纔《わづか》の事なりすいた事をして暮すべきなり

『葉隠』聞書第二・八五

私の生きかたの指針は、この一言に尽《つ》きる。この世への招待は、たぶん今回一回限りで再三はないだろう。とすれば、好きなことをして生きなければ、招待者に対して申し訳がない。

好きなことは好き放題を意味しない。好き放題はかならず無理を伴《ともな》い、好きなことができなくなる結果をもたらすからだ。

『葉隠《はがくれ》』は別のところで「端的只今《たんてきただいま》の一念より外《ほか》はこれなく候《そうろう》。一念々々と重ねて一生なり」（聞書第二・一七）ともいっている。

三月二十一日

児《こ》玉《だま》清《きよし》

俳優（1933〜2011）

WIN NOW, PAY LATER

——今勝て、痛みは後だ

（菊地 光・訳）

世間から見れば、ごくごく平凡《へいぼん》な人生を送った僕《ぼく》の父なのだが、《痛い》とか《苦しい》とか《悲しい》といった言葉を一切《いっさい》口にしなかった。

　このことが最近心にしみる毎日なのだが、十年ほど前に出逢《であ》ったD《ディック》・フランシスの小説の主人公シッドのこの言葉は僕の心を奮《ふる》い立《た》たせた。

　脅《おど》しに屈《くっ》せず、痛みにも苦しみにも耐《た》え、敢然《かんぜん》と悪に立ち向かう彼《かれ》が心に呟《つぶや》く言葉なのだ。

　今勝ては「真っ先に何を為《な》すべきか、今、一番大事なことは何なのか」を意味し、ペイ・レイターは「文句や嘆《なげ》きや、痛みや不平をいうのは後回し」。つまり、為すべきことを為せということになる。僕が以来絶えず心の中で呟く所以《ゆえん》はここにある。

三月二十二日

池辺《いけべ》晋一郎《しんいちろう》
作曲家（1943〜）

一時間では何もできないという人は、一年あっても何もできない

日常の、自分への叱咤《しった》のひと言である。

何しろ、〝締切《しめきり》人生〟だ。実は頻繁《ひんぱん》にあるのだが、もう駄目《だめ》、今度こそできない……と諦《あきら》めたらおしまい。倒《たお》れそうになると、この言葉を唱《とな》えて起きあがる。

だが、誰《だれ》の言葉かわからない。わずか三日で城を築いた豊臣秀吉《とよとみひでよし》がこんなことを言ったと、子どものころ読んだ記《き》憶《おく》があるが確証なし。

しかし、誰の言葉でもいいではないか。実際、この言葉のとおり、と僕《ぼく》は実感しているのだから。

三月二十三日

渥《あつ》美《み》雅《まさ》子《こ》
弁護士／女性問題評論家
（1940〜）

青春とは
臆《おく》病《びょう》さを退ける勇気
安きにつく気持ちを
振《ふ》り捨《す》てる
冒《ぼう》険《けん》心《しん》を意味する

これは、サミエル・ウルマン（アメリカの詩人）の『青春（YOUTH）』という詩の一節。「青春とは人生のある期間ではなく、心の持ちかたを言う」で始まる詩である。

この詩が好きで、私は手帳の最後のページに貼《は》りつけている。手帳は毎年新しくするが、その度《たび》にこの詩を貼りつける。そして、暦《こよみ》の上でのトシはとっても、心が老化しないように自分を戒《いまし》めている。

三月二十四日

畑《はた》 正《まさ》憲《のり》
作家
(1935〜)

兄弟じゃないか

僕《ぼく》が動物とつきあう態度は学問じゃないですよ。おまえもおれも、あったかい血がからだの中を流れているじゃないか、わかり合えるじゃないか、兄弟じゃないか、仲間じゃないか、友達《ともだち》じゃないかっていうのが、僕が動物たちとつき合う原点なんですよ。無心になって動物たちと遊ぶわけですよ。無心になって、自分をさらけ出さなきゃ動物たちは気を許してくれないですよ。

三月二十五日

——村上和雄《むらかみかずお》

筑波大学名誉教授／遺伝子工学者（1936〜2021）

必要なものはすべて自分の内部に存在している

『真理——苦悩の終焉《しゅうえん》』（西園寺昌美《さいおんじまさみ》・著）の中に次のようなことが書いてありました。

「富も幸福も徳も調和も光も、才能も愛も英知も、そのすべてはあなたの中に存在しているのである。それらは決して外に求めるものではないし、お金を出して買うべきものでもない。他人から奪《うば》い取るものでもないし、競争し、闘《たたか》って勝ち取るべきものでもないのである。（略）〝無い〟という想いを〝在る〟という想いに切り換《か》えるだけで、すべてがうまくゆく。（略）すべては自分の中にすでに内在していることに気づきさえすればよいのである」

私が遺伝子レベルで研究しつつあることも同じで、多くの眠《ねむ》っている良い遺伝子を目覚めさせれば、それまで自分には無理と思えたことも可能になります。

三月二十六日

新藤《しんどう》兼人《かねと》
映画監督
（1912〜2012）

もらった親切

私が、きょうまで、けんめいに追い求めてきたことは何であったろうか。つねにジグザグにゆれさまよってきたような気がしているが、ともかく、何かのよりどころがあったから歩けてきたわけで、それはごく簡単な、借りたものを返す、ということのようだった気がする。

ひとからもらった「親切」を、私も「親切」で返したいと思ってきたような気がする。

三月二十七日

里《さと》中《なか》満《ま》智《ち》子《こ》　漫画家（1948～）

あきらめず、恐れず

言葉を尽《つ》くそうとして、かえって気まずくなってしまう場合がある。わかってほしいと願うあまり、いろんな言葉を使い過ぎて、何が言いたいかわからなくなってしまったりもする。——適切な言葉をなるべく沢山《たくさん》知っておくこと——それが大切だ。そしてそれ以上に大切なのは——この気持ちをどうか、わかってほしい——という熱意だ。

あきらめず、恐《おそ》れず、人と接し、もし自分が相手の言うことを「不愉快《ふゆかい》だ」と思ったら、そう思った自分の受け止め方に誤解はなかったかどうか、もう一度、素直《すなお》に相手の真意を聞き直すゆとりを持ちたい。誤解されたくないなら、まず自分が人を誤解したまますませようとしないことだ。

三月二十八日

宗《そう》 猛《たけし》
マラソンランナー（1953～）

うまいといわれる生き方より、いい生き方を

ただ本当に走るのが好きで、走り続けているうちに、キャリア的なこと、年齢《ねんれい》的なこともあって、この走ることの世界の中で後進を指導する立場になった。ただそれだけのことだ。確かに、好きな世界で生活ができるということは幸運なことに違《ちが》いない。しかしそのことがうまい生き方なのかどうかは、自分ではわからない。好きなことを続けていられるということで、僕《ぼく》自身とても幸せだと感謝している。うまい生き方かどうかは別にして、いい生き方をしてるなとは言えるかも知れない。

三月二十九日

樋《ひ》口《ぐち》裕《ゆう》一《いち》

作家／多摩大学名誉教授／白藍塾塾長（1951～）

運命の喉首《のどくび》をつかんでやる

小学生のころにクラシック音楽に目覚めました。特に好きだったのがベートーヴェンです。

少ない小遣《こづか》いでレコードを買い、繰《く》り返《かえ》し聴《き》きました。伝記もかなり読みました。そこで出会ったのが、ベートーヴェンのこの言葉です。

神にも王族にも従属せず、耳の病を克服《こくふく》して音楽家としての運命を自ら切り開いたベートーヴェンらしい言葉です。

以来、この言葉は、生き方に迷い、くじけそうになったときの指針になっています。

三月三十日

坂《ばん》 茂《しげる》
建築家
（1957〜）

苦労はお金を出してでも買いなさい

これは、子供の頃《ころ》、くり返し母から言われた言葉です。高校を卒業し、英語も話せないのにアメリカへ行き、建築の勉強をしました。

高校までは、両親が敷《し》いてくれたレールに乗って進む方向が決められていましたが、アメリカでは住む場所、学ぶ学校など、進路すべてを自分で選び、その手続きを行ない、それを実現するために努力しなければなりません。

そんな進路を選ぶとき、どちらを選ぶかは、その母の言葉に従い、〝より困難〟と思われる道を選んできました。そして、それが間違《まちが》っていなかったから今の自分があるのであり、母に感謝をしています。

三月三十一日

江崎《えさき》玲於奈《れおな》
ノーベル物理学賞受賞者
（1925～）

時には踏《ふ》みならされた道を離《はな》れ、森の中に入ってみなさい。そこでは、きっとあなたがこれまで見たことがない何か新しいものを見出《みいだ》すに違《ちが》いありません。

（アレキサンダー・グラハム・ベル）

アメリカ、ニュージャージー州、ベル研究所の玄関《げんかん》に置かれた、十九世紀最大の発明である電話を生んだベル博士《はかせ》の大きな胸像の下に、この彼の言葉が刻まれていた。私はこれを見て感動し、よし、日本の踏みならされた道を離れ、アメリカの森に入ろう。そして、自分の力を試そうと、武者修行《しゅぎょう》の熱にかられたのである。その時、私は三十五歳《さい》。さっそく渡米《とべい》し、ニューヨーク市郊外《こうがい》の森の中にある研究所で実り豊かな研究活動を始めたのである。

四月

一日 武者小路実篤 作家
二日 下重暁子 作家
三日 ちばてつや 漫画家
四日 守屋 洋 中国文学者
五日 豊田有恒 作家
六日 衣笠祥雄 野球評論家／元・プロ野球選手
七日 藤田弓子 俳優
八日 藤本義一 作家
九日 星野富弘 詩人
十日 田村セツコ イラストレーター
十一日 小林カツ代 料理研究家／エッセイスト
十二日 天野祐吉 コラムニスト
十三日 笹沢左保 作家
十四日 加藤諦三 早稲田大学教授
十五日 山﨑武也 ビジネスコンサルタント
十六日 大林宣彦 映画監督
十七日 加藤一二三 将棋九段
十八日 小篠綾子 ファッションデザイナー
十九日 岸見一郎 哲学者
二十日 浅井愼平 写真家
二十一日 黒田夏子 作家
二十二日 山田無文 花園大学学長
二十三日 杉 良太郎 歌手／俳優
二十四日 枝川公一 作家
二十五日 坂口ふみ 東北大学名誉教授
二十六日 十三代今泉今右衛門 陶芸家
二十七日 さいとう・たかを 劇画家
二十八日 桐島洋子 作家
二十九日 高田 宏 作家
三十日 外山滋比古 お茶の水女子大学名誉教授

四月一日

武者小路実篤《むしゃこうじさねあつ》
作家（1885〜1976）

まず自分を正直に生かせれば…

成功者

人間としての成功にもいろいろあると思う。しかし僕《ぼく》としては人間として正直に生きられれば成功だと思っている。一個の人間として生まれ、一個の生命を托《たく》されてこの世に生きた以上、僕は贋物《にせもの》としては生きてゆきたいとは思わない。世間的には成功したが、贋物だったでは困ると思う。

世間をごまかして、うまくごまかせたことを大成功と思う人もいるかもしれない。それはその人の考えだから僕はそれに反対しない。しかし僕はごまかすことは面倒《めんどう》で厄介《やっかい》で、そして自分は油断ができず、欠伸《あくび》一つもできないような生活は面白《おもしろ》くない。安心して自分の思ったことを言え、自分が本気になってやりたいことをやる。自分の真価を生かすだけ生かす。それができて本当の自分が成功したと言えると思う。

しかし本当に成功することができる人は少ないと思う。僕は人間はできないことはしないでいいと思っている。そのかわりできることは責任もってするべきだと思っている。そして自分をこの地上で本当に生かすということは容易なことではなく、それが完全にできた人というものはまずないと思う方が事実である。しかし自分を本当に生かせた場合、僕はまず成功と言っていいのだと思う。自分を正直に生かして、この地上に自分が本当にしたいと思うことをある程度以上することができた人は成功者で、もって瞑《めい》すべきだと思う。世間では何と言うか知らないが、僕は世間を信用しない。しかし信用しないで見ると世間はわりに信用できるものと思う。しかし世間の批評《ひひょう》より、自分の心の方を僕は信用している。世間から悪口言われるのを恐《おそ》れすぎる人間は僕は成功者にはなれないと思う。しかし自分に正直な人間は必ず知己《ちき》を得ることもできると思う。自分が正直になれない生き方で、他人の心にふれることはできない。

世間的な成功者になっても、心に落ちつきがなく、真心と縁《えん》のなさすぎる生活をしていては、死が近づくに従ってますます自信がなくなり、不安を感じることになる。それでは本当の成功者とは言えないと思う。

もっとも世間的に不成功でも心に安心を持つということは修業《しゅぎょう》のつんだ人でないとできないことかと思うし、妻子が餓《う》えに泣くでは困る。現実はあまく見てはならないし、一人よがりは実にみっともないものだ。僕たちが真心を生かして生活することは、友人を愛することであり、友人と信頼《しんらい》できる生活を送ることを意味し、何かの意味、本当の意味と言っていいと思うが、他の人からますます信頼され、尊敬されるのが事実と思う。僕は正直な、善意を持った、自分の仕事に忠実な、そして毎日勉強して、進歩してやまない道を歩いて一生を終わることができた人を成功者だと思っている。

四月二日

下重《しもじゅう》暁子《あきこ》

作家（1936〜）

時には断《た》ち切ることの強さを

どこかで何かを断ち切らねば、自分なりの生き方は生まれない。自分の時間は創《つく》り出せない。人間あれもこれも出来るほど、器用ではないし、人一人に許された時間には限りがある。

その中で何をとって何を捨てるか。自分にとって大切なのはどれで、必要ないのはどれか。考えてみれば毎日がその選択《せんたく》の連続である。

四月三日

ちばてつや
漫画家
（1939〜）

吾《われ》唯《ただ》足《た》るを知《し》る

小学生の頃《ころ》、古銭を集めている友人に見せてもらったことがある。丸い銅貨の中心に□《四角》の穴があいており、その穴の上下左右に「五」「止」「矢」「隹」と書かれてある。□を含《ふく》んで右回りで読むと「吾唯足知《われただたるをしる》」。そのデザインに魅《み》了《りょう》された。

以後、自分が不満を感じたり、悩《なや》んだり落《お》ち込《こ》んだりしたときには、この精神を思い出すことにしている。もうすでに自分は十分満ち足りているではないか、と。

人間以外の動物は、満腹になれば何も欲《ほ》しがらない。しかし人間の欲は、とどまるところを知らない。より多くの人が「吾唯足るを知る」を意識すれば、もっと平和で穏《おだ》やかな世の中になるのではないか、と思うのである。

四月四日

守《もり》屋《や》 洋《ひろし》 中国文学者（1932〜）

君《くん》子《し》は和《わ》して同《どう》ぜず

——『論語』

「なにか座右の銘はありますか」と聞かれたとき、この言葉をあげることにしている。「和」とは、自分をしっかり持って、そのうえでまわりの人々と協調すること。「同」とは、自分を持たないで、ただ付和雷同することである。君子（立派な人物）は、「和」はするけれども「同」はしないものだという。

日本は「和」を重視してきた社会であるが、日本流の「和」はややもすると「同」になりがちなところに問題がある。個性のある、たくましい人間をめざすためにも、「和して同ぜず」といきたい。

四月五日

豊《とよ》田《た》有《あり》恒《つね》
作家（一九三八～）

なんでも笑いとばしてしまおう

ものごとを考えるとき、笑いの要素が必要である。既成《きせい》の権威《けんい》、定説、常識などをとりはずすためには、笑いが必要である。つまり、いったん、徹底的《てっていてき》に茶化し洒落《しゃれ》のめして、笑いとばしてしまうのである。そうすれば、硬直化《こうちょくか》した思いこみがとれる。発想の転換《てんかん》などという言葉が、マスコミでとりあげられるようになったが、そういう標語だけが先走りしているようでは、ほんとうに、そうはならない。掛《か》け声倒《ごえだお》れになってしまう。

四月六日

我を生かす道は、この道より無し

衣笠祥雄《きぬがささちお》

野球評論家／元・プロ野球選手（1947〜2018）

学生時代から野球、野球の生活を送り、何も世の中のことを知らない私が直面したのは、プロ野球という世界、大人の世界でした。

当然のように失敗の連続が待っていました。そこから救ってくれたのがスカウトの木庭《きにわ》さん、そして三年目に出会った根本《ねもと》監督でした。

この二人に懇々と諭《さと》されて見つけた言葉がこの言葉でした。自分が今できることは野球に没頭すること。それ以外に道はない、自分を生かしてくれるのは野球以外にないと気がついた瞬間でした。

四月七日

藤《ふじ》田《た》弓《ゆみ》子《こ》
俳優
(1945〜)

こだわって生きてみる

何でもいいのよね。執着《しゅうじゃく》することを見つけて欲《ほ》しい。こだわって欲しい。みんながひとつずつ執着すれば、自然とそれが大きなエネルギーとなって、次の世代をも燃やしてくれる筈《はず》。大体、日本人の血の沸点《ふってん》は高すぎて、なかなか熱くならないのだけどね。

四月八日

藤《ふじ》本《もと》義《ぎ》一《いち》

作家（1933〜2012）

内気を自分のものにする

内気は決して臆病《おくびょう》ではなくて、繊細《せんさい》だということだし、繊細ということは、曖昧《あいまい》とか複雑といったものではなく、ひとつの物、あるいは一人の人に神経を集中さす能力をもっているためであるとわかってきたのだった。集中能力、素晴《すば》らしいではないかと思ったりした。また、受け身とばかり考えないで、受容というふうに考えるようになった。相手の言動を自分はどういうふうに受け容《い》れたならいいかということを考えれば、それだけ自分という人間の器《うつわ》は大きくなっていくのではないかと考えるようになったわけである。

四月九日

星《ほし》野《の》富《とみ》弘《ひろ》
詩人
(1946〜)

労する者
重荷を負ふ者
我に来《きた》れ

(マタイの福音書)

畑の土手にあった墓地の新しい十字架《じゅうじか》に書かれていた言葉である。高校生の私が、他人《よそ》の家の墓に書かれていた言葉に引かれたのは、その時私が、豚《ぶた》小屋の重い堆肥《たいひ》を汗《あせ》だくで畑に背負《しょ》い上げていたからである。

それから十年後、大怪我《おおけが》をして病院のベットの上で不安な日々を過ごしていた時、友達から貰《もら》った聖書の中で再びこの言葉に出会った。

そして重荷の本当の意味と、動かない手足と共に生きる希望を見つけることができたのである。

四月十日

「楽しもうと、かたく決心」

田《た》村《むら》セツコ
イラストレーター（1938〜）

少女時代に読んだ〝赤毛のアン〟（モンゴメリ作　村岡花子訳）。

孤児院《こじいん》育ちのアンが、手伝いの男の子をほしがっている農家に、手違《てちが》いで到着《とうちゃく》。村はずれの小さな駅に、ひとりぼっちで。

先方がほしいのは男の子だった……。

自分の立場がわかり、身のふり方が決められる運命の日、馬車にゆられながらのつかの間のひととき、アンが言いました。

「あたし、楽しもうと、かたく決心しさえすればいつだって、楽しめる性格《たち》なんです」

私はこの言葉を、胸の奥《おく》の、ひみつのポケットに、そっと、しまったのでした。

四月十一日

小林《こばやし》カツ代《よ》

料理研究家／エッセイスト（1937〜2014）

口に入るもの、みな清し

この言葉は、私の料理観、食物観の原点と言ってもよい。手を洗わずに食事をしようとしたイエスの弟子をパリサイ人がとがめた時に、イエスが言った言葉です。

昨今、狂牛病、鳥インフルエンザ、古くはO《オー》－157と、食べることはすべて安心とは言えないのが現実です。しかし、食べるものはみな清し、とはっきり言い切った言葉は実にいさぎよく、本来、そうあるべきものがいつのまにか、あれはいけないこれはいけないって時代になりました。食べものへの信頼こそが、食を生み出す人間の責務です。

四月十二日

天野《あまの》祐吉《ゆうきち》
コラムニスト
（1933〜2013）

からっぽのバケツほど、大きな音を立てる

どこかのことわざです。

テレビの討論なんかを見ていると、よくこの言葉を思い出します。でっかい声で相手を言い負かそうとしている人ほど、中身がからっぽのことが多いようです。

ひとのことは言えません。ぼく自身も、言うことに自信がないときは、つい声が大きくなっている。

どうせ中身なんかないんだから、無理して小さな声で話すこともないけれど、気どらず、気張らず、ふつうの声で話したいもんですね。

四月十三日

笹《ささ》沢《ざわ》左《さ》保《ほ》 作家（1930〜2002）

人生は経験なり

結果は出すものではなく、出るものなのだ。石のうえにも三年という。どのようなことでも長きにわたって耐《た》えれば、それ相応の結果が出るというわけである。それが人生の体験というものであり、人生そのものと考えて間違《まちが》いない。

四月十四日

加藤《かとう》諦三《たいぞう》
早稲田大学教授（1938〜）

不運に鍛《きた》えられて

人生ですべてのことがうまく行き続けるなどということはない。完全主義とは人生を拒否《きょひ》している態度である。この世の中では、素晴《すば》らしい人にも出会うが、冷酷《れいこく》な人にも出会う。感情の豊かな人にも出会うが、枯渇《こかつ》した人にも出会う。自分に色々のことを教えてくれる人にも出会うが、詐欺師《さぎし》にも出会う。それが人生である。

四月十五日

山《やま》﨑《さき》武《たけ》也《や》

ビジネスコンサルタント（1935～）

智《ち》に働けば角《かど》が立つ情に棹《さお》させば流される

夏目漱石《なつめそうせき》の『草枕《くさまくら》』にある言葉であるが、人の世の難しさを如実《にょじつ》に言い表している。理路整然と物の道理を押《お》し通そうとすれば、どこかで人間関係に軋《きし》みが生じてくる。

一方、感情の動きに従って行動していけば、自分の思っている方向に進んでいくことはできない。

その時と場合に応じて、頭と心を働かせる度合いを適宜《てきぎ》に調整しながら、自分の言動を律し、人とつきあっていくほかない。それが人生の「安全運転」をしていくための術《すべ》である。

四月十六日

大林《おおばやし》宣彦《のぶひこ》
映画監督
（1938〜2020）

永遠の未完成、これ、完成なり

永遠の未完成、これ、完成なり、という宮澤賢治《みやざわけんじ》の言葉があります。

夢もまた、永遠にかなえられることなく、しかし、毎日毎日、より大きく育ち、ひとの一生をより大きく育てていく。

そういう未完成の日々の集大成が、ひとの人生という、大きな完成像を、形成していくのでしょう。

現実とは、人生とは、じつは夢の対極にあるのではなく、私たちの夢を持続させ、育ててくれる、大きな環境《かんきょう》であるのです。

その環境に対して上手《じょうず》にありがとうと言える心こそが、上手な夢見人。夢は、賢《かしこ》く、勇気のあるひとだけが見ることができるのです。

四月十七日

加藤《かとう》一二三《ひふみ》
将棋九段
（1940〜）

あなたがたは共にふみとどまってくれた

ルカ福音書《ふくいんしょ》に書かれている、イエズス様の言葉である。この前の言葉は、「私が数々の試練に遭《あ》ったときに」である。受難を前にしてイエズス様は、忠実につきしたがい、苦楽を共にしてきた使徒達《たち》に向かって、あらためて感謝の言葉を述べられている。

イエズス様の生涯《しょうがい》には、多くの弟子《でし》が途中《とちゅう》で去ったり、反対や死の危険もあり、使徒達はどこまでも師と行を共にする決意でいた。私は五十歳《さい》を過ぎてから、このイエズス様の言葉が胸に迫《せま》ってきた。

四月十八日

小篠《こしの》綾子《あやこ》

ファッションデザイナー（1913～2006）

「自《じ》慢《まん》は知恵の行きづまり」「損して徳をとれ」

亡《な》き父が、若い頃《ころ》より毎日毎日、私に言い続けた二言でした。その言葉がいまだに脳裏《のうり》からはなれません。私も娘たちにこの言葉を、古いかもしれませんが、そして笑われてもいいと、言い続けております。娘たちもまた、自分の子供たちにも言い続けることでしょう。

四月十九日

岸《きし》見《み》一《いち》郎《ろう》

哲学者（1956〜）

神は耐《た》えられない試練に遭《あ》わせることはない

四十九歳《さい》だった母が突然脳梗塞《とつぜんのうこうそく》で倒《たお》れた。毎日、母の病《びょう》床《しょう》に十八時間いて看病したが、病気が好転することはなかった。

入院中、病状などを他の家族に伝えるノートを作った。ある日、聖書から見つけ、そのノートに記したのが、この言葉である（『コリント書』10：13）。

この言葉は「神は、試練に耐えられるように、逃《のが》れる道も備える」と続く。成功などの世間的価値ではない真の人生の価値を知ることで、私は試練に向き合うことができた。

四月二十日

浅《あさ》井《い》愼《しん》平《ぺい》 写真家（1937〜）

自分以上でなく、自分以下でもない

お互《たが》い背伸《せの》びしたつきあいをしていると、本当に分かり合えることなどできない。僕《ぼく》自身、人とつきあう際に、こうするべきだみたいな信念はないが、ただ一つあるとすれば、〝僕は、僕以上でもなければ僕以下でもない〟という気持ちで接している。等身大のつきあいとでも言おうか――。背伸びしすぎないでつきあわなければ、裸《はだか》のつきあいはできないと思う。

自分を等身大で表現するということは、言い換《か》えれば、誰《だれ》に対しても、そしてどのような場所でも同じ自分でいられるということだ。僕は七十歳《さい》の人と接するときも、二十歳の人と接するときも、同じ態度でつきあえる。

四月二十一日

黒《くろ》田《だ》夏《なつ》子《こ》
作家
（1931〜）

…されど天の高きを知る

「井《い》の中の蛙《かわず》大海を知らず」につなげてこうあると、何十年かまえ読みかじったときには、もともとここまであったのに、前半だけが俚諺《りげん》として独《ひと》り歩きしてしまったのかと取ったのでしたが、もしかしてこれは、視野の狭《せま》さをからかわれた者の反論だったのでしょうか。

これを言いわけにはしまいと自戒《じかい》するいっぽう、人はそれぞれでどんな「天の高き」を知っているかもしれないのだから、一概《いちがい》に決めつけまいという戒《いまし》めともしております。

四月二十二日

山田《やま だ》無文《む もん》

花園大学学長

（1900〜1988）

水の如くに

水のごとくよどみなくさらさらと流れたい。どんな良いことがあっても、どんな悪いことがあっても、うしろをふり向かずに、前へ前へ、さらさらと流れたい。

左右の岸にどんな美しい花が咲《さ》いておっても、どんなに楽しく小鳥が鳴いておっても、その美しさをほめながら、その楽しさをよろこびながら、足ぶみせずに流れよう。

流れる水は凍《こお》らぬとか。流れる水は腐《くさ》らぬとか。それが生きておるということであろう。

田畑をうるおし、草木を養い、魚を育てながら、決して高きを望まず、低い方へ低い方へ、水の流れる如く、わたくしも流れたい。

四月二十三日

杉《すぎ》 良《りょう》太《た》郎《ろう》

歌手／俳優
（1944〜）

生きるということむずかしきしぐれかな

小説家、川口松太郎《かわぐちまつたろう》先生が私の四十歳《さい》の誕生日《たんじょうび》のお祝いとして、入院先の京都から外泊《がいはく》許可をとって東京の私のところに直接持ってきてくれたのが、大きな色紙に書かれたこの言葉です。

私が二十九歳のとき、劇場の舞台稽古《ぶたいげいこ》で私と道具方《どうぐかた》が言い争いになり「杉さんはわがままだ」と言われ、それを聞いていた先生は、「杉君は休みたいと言ったのか。早く帰りたいと言ったのか。楽をしたいと言ったのか。杉君はただ、お客さんのためを思ってのことで、これを芸熱心と言うんだ」と。

その後、これほど本音を言って生きている姿に「日本で一番好きな役者は杉良太郎」と言っていただいた。

四月二十四日

枝《えだ》川《がわ》公《こう》一《いち》

作家

（1940～2014）

人はつねに、友情を修理しつづけるべきである

十八世紀イギリスの文章家サミュエル・ジョンソンは、「年を経るのにしたがい新しい知己《ちき》をつくっていかないとやがて、自分がひとりぼっちであることに気づくことになる」につづけて、こう述べている。

友を大切にするのはいい。しかし、人間は変化していく動物である。昔からの友人にだけ頼《たよ》っていてはいけない。新しい友をつくり、友情に「油を差して」、元気いっぱい生きようじゃないかという呼びかけに、勇気づけられる。

四月二十五日

坂《さか》口《ぐち》ふみ

東北大学名誉教授（1933〜）

「ねばならぬ」だと?

新しい町に移って間もない、ひどく気ぜわしい日々だった。

雪もよいの夕方、アパートと同じ通りに見つけた八百屋《やおや》さんで、マッシュルームなどを買いながら、「今日のうちにあれも、これもしなければ」などと言ったらしい。

でっぷり肥《ふと》った初老の店主は「ひとは死ななきゃならねえ。それ以外に、ねばならぬなどねえよ」と、のんびりした南独《なんどく》なまりでのたもうた。

それ以後、何かに追いつめられた気分になるたび、私にはその声が耳のそばで聞こえる。

四月二十六日

――十三代 今《いま》泉《いずみ》今《いま》右衛《え》門《もん》

陶芸家（1926〜2001）

花　無心にして蝶《ちょう》きたり

蝶　無心にして花開く

良寛《りょうかん》のことばと思うが、私達《わたしたち》、作品をつくる時、良い作品をつくろうと張り切れば、どうしても肩《かた》に力が入り作品もかたくなりぎこちない。どんなに力んでもその人のもっているもの以上のものは出てこないのではないかと思っている。

心が無心で、たくわえられたその人の美意識が素直《すなお》に表現されたとき、人に語りかけるような良い作品が出来るのではないかと思っている。

四月二十七日

さいとう・たかを

劇画家（1936〜2021）

これぞチャンス!!

チャンスというのは大抵《たいてい》の場合、あとになって〝ああ、あの時がチャンスだったんだな、あのコトがチャンスだったんだな〟と気づくものだと思います。しかし、もしその時、その瞬間《しゅんかん》に〝これぞチャンス!!〟と思える事があったら、それこそまさにチャンスなのでしょう。もし、そのチャンスに飛びついて摑《つか》み得なかったとしても〝俺《おれ》にその実力がなかったのだ〟と、あきらめられるでしょうから……。とは言え、所詮《しょせん》人間はたとえどんなに世の中に認められても、自分がソレを幸せだと思えなければ〝チャンスを摑んだ〟とは言えないのでしょう。

四月二十八日

桐島《きりしま》洋子《ようこ》
作家
（1937〜）

お天道《てんと》様《さま》は
何でもお見通し
ぽかぽか暖かく
喜んでおいでる

これは幼い頃《ころ》、いつも木漏れ日《こもれび》のように暖かく心に触《ふ》れた祖母の口癖《くちぐせ》だった。

その後、カトリックの学校に入ったら、ある厳格な尼僧《にそう》から、隠《かく》れて悪いことをしても必ず神様はお見通しですと脅《おど》かされ、その言葉は恐《おそ》ろしい鞭《むち》のように私を呪縛《じゅばく》した。

祖母のお天道様は良いことを見逃《みのが》さずに褒《ほ》めたり励《はげ》ましたりするために優《やさ》しく目配りされていたのに、この神様は禁じたり罰《ばっ》したりするために見張っているのかと私は反発し、一生お天道様の下で生きたいと思った。

四月二十九日

高《たか》田《だ》宏《ひろし》
作家（1932〜2015）

地上には幾《いく》つかの花、大空にはすべての星

ヴィクトル・ユゴーの『レ・ミゼラブル』にある言葉だ。

あの大長編小説は、十九世紀フランスの大文学者であり大政治家であったユゴーのすべてを投入したものだが、その第一章にフランスの田舎町《いなかまち》で静かに生きるミリエル司教という老人の一生を描《えが》いていて、ユゴーはこの人物によって人間の理想の生き方を造型した。

花と星のほかに、いったい何が要《い》るだろうか、というのだ。生きるにはいろんなモノが要ると思いがちだけれども、美しく生きるのにほんとうに必要なものは、ごくわずかなのだ。

外山《とやま》滋比古《しげひこ》
お茶の水女子大学名誉教授
（1923〜2020）

随《ずい》所《しょ》に主となる

ものごとに執着《しゅうじゃく》するというのは、ものごとにしばられていい、しもべになることにほかならない。ものごとの言いなりになり、ほんろうされる。その束縛《そくばく》から自由になるには自分が主人になることが求められる。随所に主となる、というのは、そのとき、その場において、ほかのものごとに左右されないで、自分が自分であることのできる境地である。

五月

一日 渡辺和子 ノートルダム清心学園理事長
二日 小林秀雄 文芸評論家
三日 柴門ふみ 漫画家
四日 中野孝次 作家
五日 北野大 工学博士
六日 桂三枝（現・六代文枝） 落語家
七日 田河水泡 漫画家
八日 童門冬二 作家
九日 石ノ森章太郎 萬画家
十日 加藤芳郎 漫画家
十一日 石井幹子 照明デザイナー
十二日 千玄室 茶道裏千家十五代前家元
十三日 加藤登紀子 歌手
十四日 栗原小巻 俳優
十五日 服部良一 作曲家
十六日 並河萬里 写真家
十七日 土井勝 料理研究家
十八日 福島敦子 テレビ・キャスター
十九日 長谷川眞理子 総合研究大学院大学学長
二十日 金田一春彦 国語学者
二十一日 浜美枝 俳優
二十二日 安野光雅 画家
二十三日 白石一郎 作家
二十四日 山田太一 脚本家
二十五日 篠田桃紅 美術家
二十六日 源氏鶏太 作家
二十七日 立松和平 作家
二十八日 有吉玉青 作家
二十九日 辻村寿三郎 人形師
三十日 時実新子 川柳作家／エッセイスト
三十一日 山極寿一 京都大学第二十六代総長

五月一日

渡辺和子《わたなべかずこ》

ノートルダム清心学園理事長（1927〜2016）

一見、無意味に思えることも自分の見方次第《しだい》でありがたいものに変わります。

マイナスをプラスに変える

一人前の修道者になるには、通算三年ほどの志願期、修練期と呼ばれる修行《しゅぎょう》の期間を通らねばなりません。

私の場合、他《ほか》の人たちよりも年齢《ねんれい》が十歳《さい》近く上だったこともあって、修練期をアメリカの東海岸にある修道院で送るように命じられました。

そこには広大な庭があり、夏ともなれば草が我《わ》が物顔《ものがお》に茂《しげ》って、修練女たちの格好の作業場になりました。

ある日のこと、草取りをしている私たちの背後に修練長が現れ、注意を与《あた》えたのです。

「あなたたちは草をむしっているだけだ。草は根こそぎ取らないと、またすぐに生えてきます」

面倒《めんどう》くさそうな顔をした私たちに、続けて言いました。

「悪の道に入ってしまい、そこから足を抜《ぬ》こうにも抜けない青少年が、今いっぱいいるのですよ。その人たちのために祈《いの》りをこめて、草を根こそぎ抜いたらどうですか」

果たして、非行がその分、減ったかどうかはわかりませんが、確かなこと、それは私にとって、草取りが前ほど嫌《いや》な作業でなくなったということでした。

世間から隔絶《かくぜつ》された修道院の中で、毎日の単調な生活に少し飽《あ》いていた私の生活の中に、喜びが、そして誰《だれ》かのためになっている幸せが生み出されたのです。

トイレの掃除《そうじ》、料理の下ごしらえ、洗濯《せんたく》、それらすべてを、意味あるものにする方策を教えられ、私は幸せになりました。

もはや私は、仕事の奴隷《どれい》でなく、主人となることができたのです。どんな仕事も不平不満の対象でなく、ありがたいものにすることができたのです。

デ・メロ神父も言っています。

「私の態度のほかに、変わったものは何もなかった。それだからこそ、すべてが変わったのだ」

本当にそうなのです。私が変わることによって、それまでは、つまらないとしか思えなかった仕事が、意味のある仕事に変わり、雑用に費《つい》やされていると思った時間は、意味のある時間に変わり、私は修道院の片隅《かたすみ》にいても、他人の幸せのために生きる幸せ者になりました。

こちらからほほえみかける

もう一つの幸せへの道、それは「愛」によってもたらされる幸せです。

「もしあなたが、誰かに期待したほほえみが得られなかったら、不愉快《ふゆかい》になる代わりに、むしろ、あなたの方から、ほほえみかけてごらんなさい。実際、ほほえみを忘れた人ほど、あなたからのそれを必要としている人はいないのだから」

貰《もら》えなかっただけでも損なのに、こちらから与えるなんて、これでは「ダブルの損《マイナス》だ」と私は思ったものです。

ところが、マイナスとマイナスはプラスになり得るのです。人は、シングルの損で傷つきますが、そのキズを癒《い》やす最良の薬は、「仕返し」ではなくて、「許しと愛」なのです。相手への思いやりに基《もと》づく、英雄的な愛、高貴な魂《たましい》でしかありません。

仕返しも一つの方法です。でもその時、私は相手のレベルに自分を落としてしまっていないでしょうか。相手の出方に左右されている私は、もはや環《かん》境《きょう》の主人ではなくなって、奴隷になってしまっているのです。

損をして、なおかつ幸せでいるためには、自分が相手より〝大きく〟ならないといけないのですが、時と場合、相手によっては、本当に難しいことがあります。

自分の感情、論理と戦う

そのことも十分承知の上で、人が自分の幸せ度を高めようとするなら、それに値《あたい》する戦いをしなければならないことを、心に留《と》めておきましょう。それは、他人との戦いでなく、自分自身の感情、論理との戦いであることを。それを可能にするものを「愛」と呼びます。

日々の生活の中で、無意味としか思えないものが多々あります。それらに意味を与えることができる時、私たちの生活はそれだけ豊かになり、幸せに生きることができるのです。

マイナスの価値しかないものを、プラスに変える愛の力が、心の中の戦いの結果として私たちの心に生まれる時、私たちは、ダブルの平安と幸せを味わうことになるのでしょう。

五月二日

小林《こばやし》秀雄《ひでお》
文芸評論家（1902〜1983）

すぐれて深《ふか》きこと

古人の味わうべき言葉を、一つあげるよう求められたが、今、本居宣長《もとおりのりなが》ばかり読んでいるので、「玉勝間《たまかつま》」の中から一つ引きます。

「すぐれて深きことは、かへりてうはべには、何の深きことわりも見えぬものにて、その理《ことわり》深げに見え聞えたる事は、かの山川の浅瀬《あさせ》の浪《なみ》のさわぐにて、まことには、さしもふかつらぬにこそはあれ。そこひなき淵《ふち》のさわがぬことはりまでを、いますこし深くおもはざるは、いかにぞや」

五月三日

柴《さい》門《もん》ふみ

漫画家（1957〜）

確実に、少数でも、人が支持してくれる部分が「自分らしさ」ではないだろうか

百人中百人に愛されようとすると、自分そのものをねじまげ、無理をつくらなければならなくなる。私の作品は百人中五人は必ず好きになってくれた。それでいいと、私《わたし》は思っている。残り九十五人にも好かれようとすると、それはもう「私」ではなくなる。

五月四日

中《なか》野《の》孝《こう》次《じ》 作家（1925〜2004）

チャンスは一度しか訪《おとず》れない

The whole man must move at once.

という言葉を、ぼくは若い時に知って以来自分の指針の一つとしている。ソノ人ノ全部ガ一度ニ発動シナケレバナラヌ、とでもいうのだろうか。利害打算の思惑《おもわく》や、バカにされはしまいかの恐《おそ》れ、あるいは自分をさらけだして傷つきはしないかの恐れから、己《おのれ》を出すことをためらう人がいるものだが、自分がそういう垣《かき》の内に閉じこもっていては、人は決して心を開いてくれぬものだ。つねにまるごと自分であることによってのみ、人もまたそういうものとして自分を出してくれるのだ。少なくともぼくの体験ではそうだった。

五月五日

北《きた》野《の》大《まさる》
工学博士
（1942〜）

大樹になる

私《わたし》は若い人によくこう言う、「職場は変えてもいいけれど、職種は変えるな」と。

職場は、どうしても、人間関係の不一致《ふいっち》があらわれてくる関係上、我慢《がまん》して、我慢して、それでもいたたまれなくなったらやめてもしようがないだろう。しかし、続けてきた仕事の内容まで捨ててしまうのはどうかと思う。やってきた仕事にプライドを持ち、次の職場でも同じ仕事を続けて、「○○のことならあいつにまかせておけ」と言われるくらいになる。そうしてはじめて、職業という幹をバックボーンにした大樹になれるのではないだろうか。

五月六日

こんなもんかなあ……

――桂《かつら》三枝《さんし》(現・六代文枝《ぶんし》)

落語家 (1943〜)

結婚《けっこん》を、こんなもんかなあ、こんなもんやろと考えれば気楽に続くもんだ。それは決してあきらめではない。それはこんな男と、こんな女と結婚した方が得やろと、打算する気持ちをなくせば自然と湧《わ》いてくる感情ではないかと思うのだ。

五月七日

田《た》河《がわ》水《すい》泡《ほう》
漫画家（1899〜1989）

春がきた春がきた

園芸の好きな方ならテレビで園芸の指導をしている浅山《あさやま》英一《えいいち》先生の名をご存じだと思いますが、この浅山先生がテレビで何気ない口調でおっしゃったひとことががっちりと耳に残っています。

春がきた春がきた、と春を喜ぶのは草花も人間も同じことですが、棚《たな》からぼた餅《もち》が落ちてくるように突然《とつぜん》に春がくるものではなく、寒く冷たいきびしい冬を耐《た》え抜《ぬ》かなければ春はこないものです。

いま春を迎《むか》えたということは、その試練に耐え抜いたという、証拠《しょうこ》なのだ、というのです。

冬を経験しなければ春はこないということは、人生も同じことですね。

五月八日

童《どう》門《もん》冬《ふゆ》二《じ》

作家（1927～）

〝他人の傷の痛み〟を知る

得てして若い人は、この〝人間の傷の痛さ〟を知らない。ケガをしても大したことはない、と突《つ》っ走る。それは青春の特権かも知れないが、それだけで済まないことが起こる。それは、本人はそれで済んでも、その突っ走りが他人を傷つけることがあるからだ。しかも、傷つけたほうは気がつかない。自分の傷の痛さに気がつかないからだ。おとなの優《やさ》しさの前提には、必ず、その、

「傷の痛さを知ることからはじめよう」

というきびしさがある。

五月九日

童心

——石《いし》ノ《の》森《もり》章《しょう》太《た》郎《ろう》

漫画家（1938〜1998）

〝酔狂《すいきょう》〟を思いつく〝心〟（あるいは知能といってもいいか）の大部分は、童心である。失われた童心、などという言葉があるが、これは間違《まちが》いである。それを他人に見せると生きにくい世の中だから、大人たちは意識的に失ったふりをしているだけなのだ。機会が与《あた》えられれば、ドッとあふれ出してくるに違《ちが》いない。……で、大人の、知性でセーブされた童心の世界、を想像して頂きたい。それは現在の社会、生活空間に、まったく新しい一面（なんと楽しい！）を加えるほどのパワーになる。

五月十日

加《か》藤《とう》芳《よし》郎《ろう》
漫画家（1925〜2006）

得意冷然、失意泰然

人間にはヴァイオリズムというものがある。一日の動きの中にも山あり谷ありである。血の動きにも脳の働きにも波がある。良いときもあれば良くないときもあるのだ。一《いっ》喜《き》一《いち》憂《ゆう》は体に毒である。一週間にもひと月にも一年間を通じても、その人なりのヴァイオリズムがある。この波にうまく乗れて、利用できたら、人生そうあせることもないのではないかと思うのである。これすなわち「得意冷然、失意泰然《たいぜん》」。

五月十一日

石《いし》井《い》幹《もと》子《こ》 照明デザイナー（1938〜）

「サンキュー」「ダンケ」「メルシー」……

「ありがとう」という言葉ほど、どこの国へ行っても大切なものはない。知らない国へ行って、最初に覚えて真っ先に使う言葉でもある。初めて外国で暮らしたフィンランドで、「キートス（ありがとう）」という語感が何と優《やさ》しく心にひびいたことか。英語の「サンキュー」やドイツ語の「ダンケ」などの外国のお礼の言葉に較《くら》べて、日本語の「ありがとう」は、何故《なぜ》か言い難《にく》くふんだんに使われないのは残念である。

五月十二日

千《せん》 玄《げん》室《しつ》

茶道裏千家十五代前家元（1923〜）

叶《かな》うはよし 叶いたがるはあしし

千利休《せんのりきゅう》が茶道《ちゃどう》の経典《きょうてん》ともいうべき南方録《なんぽうろく》のなかに教示した言葉である。とかく叶いたがろうとすることは不自然であり見えすいたものだからつまらない。そんなことより自然に相叶《あい》いあっていけるという心構えを持つことが大切であるということなのである。この頃《ごろ》の世界中が叶いたがろうとする傾向《けいこう》にあるのではないだろうか。もっと自然のふれあいを大切に素直《すなお》に人間尊重の意義を生かすことに努力しなければならないと思うのである。

加藤《かとう》登紀子《ときこ》
歌手
（1943〜）

「川の流れ」に身をまかせる

「自分のスタイルで生きてる人」と、口で言うのは簡単ですけれど、現実には、人は皆《みな》、迷いながら生きているものだと思いますよ。

たとえて言うなら、「川の流れ」です。

いろんな人と出逢《であ》い、いろんなものにぶつかりながら大地の上を動いて移り変わる風景を見つめている川、地図に書いていない川ですから、誰《だれ》かが道を決めてくれるわけじゃない。自分で決めなくてはならないこともちろんあるけれど、全《すべ》てが計算通りにいくわけがないのだから、その見えない流れに身を投げかけていくしかないのです。

ただ、人には、それぞれその人らしい流れがきっとあるでしょう。

五月十四日

栗《くり》原《はら》小《こ》巻《まき》
俳優
（1945～）

眼の前の一歩

わたくしにとって、自分の道とは、ふりかえった時に、あるのでもなく、ずっと先につづいているものでもありません。

それらしいものといえば、ただ、眼《め》の前を、切り開いて、通っていかなければならないジャングルが、あるだけです。

五月十五日

服部《はっとり》良一《りょういち》
作曲家
（1907〜1993）

心の眼《め》を磨《みが》け
心の筆で描《えが》け

大正十一年の文章日記二月の作家語録を見て感動、作曲を志した。シューベルトの歌曲に夢中になり、歌は心で、曲はハートで描くものと信じ、自らの心眼心鏡に照らして一曲一曲に魂《たましい》を打ち込《こ》んだ。自分の胸を打たない曲に、どうして聴衆《ちょうしゅう》が感動するものかと、音楽の神秘さに耳を傾《かたむ》け、ただ一途《いちず》に音楽生活五十年を生き続けて来ました。

五月十六日

並河萬里《なみかわばんり》
写真家
（1931〜2006）

今日、我生きたり

〝今日、我生きたり〟

ほこらしげに沈《しず》む太陽を直視しながら叫《さけ》んだ青年がいた。

それは戦乱の真っただ中でもなければ、どろどろした飢《き》餓《が》の中でもない。オアシスからオアシスへ流砂をわたり歩く隊商たちの言葉でもない。乾燥《かんそう》した中東の町や村人たちの叫び、母なる大地からの声だったのである。

〝生きる〟ことのむずかしい世界。中東からアジアまで歩きつづけた三十年。今、私がこうして健康な写真家生活がおくれるのも、この一言が全《すべ》ての苦闘《くとう》を洗い去ってくれたからだ。そして一日をこよなく愛し、二度と帰らぬ「その日」を大切に、そして思い切った仕事に打ち込めるようになったのである。

五月十七日

土井《どい》勝《まさる》

料理研究家

（1921～1995）

一《いっ》生《しょう》懸《けん》命《めい》

この言葉は九十歳《さい》で亡《な》くなった私《わたし》の母の口ぐせであった。夫に早く死別したため、反物《たんもの》の行商をして私たちを育ててくれた。暗くなって帰宅し夕食を作る。その後ろ姿でその日の利益が子供たちに伝わってくる。母は「一生懸命にしたから今日はご馳走《ちそう》だよ」とか「これでも一生懸命だったんだよ、すまないね」などと言った。

これが私の頭にこびりついて成人したらしく、何事も真《ま》面目《じめ》に必死に取り組むようになった。たとえ失敗しても、前進させようとまたがんばる。一生懸命に為《な》したことには悔《く》いはないはずだから。

五月十八日

福《ふく》島《しま》敦《あつ》子《こ》
テレビ・キャスター
（1962〜）

認めるということ

どんな相手に対しても愛情を持てるというのは、言葉で言うほど簡単なものではないだろう。それは相手の主義主張、思想、これまでの生き様、夢——すべてのものを受け入れるということだろう。たとえ、それが自分自身とは相《あい》容《い》れないものであっても、それを認めるということだと思う。それには、自分をしっかりと持った上で、自分の心の間口はひろく、奥行《おくゆ》きがあり、柔軟性《じゅうなんせい》がなければいけない、つまりそれが豊かな心なのではないだろうか。

五月十九日

長谷川《はせがわ》眞理子《まりこ》
総合研究大学院大学学長
（1952〜）

Nullius in verba
ヌリウス・イン・ヴェルバ

ラテン語で「人が話していることを、そのまま信じるな」という意味。十七世紀に設立された、英国の科学者の集まりである王立協会のモットーがこれだ。

私がこの言葉をはじめて知ったのは、ノーベル賞受賞者であるピーター・メダワーの著作『The《ザ》 Limits《リミッツ》 of《オブ》 Science《サイエンス》』を読んでいたときだ。

文系の学部生に科学とは何かを教える講義の準備をしていたときだった。まさに批判精神の真髄《しんずい》を表す言葉であり、今の若い世代に届けたいと思う言葉である。

五月二十日

金《きん》田《だ》一《いち》春《はる》彦《ひこ》

国語学者（1913～2004）

この子はお父さんのようになれるかな

私《わたし》が小学校の一、二年のころ、私の父の弟の一人が、私の顔を見ながら言った言葉です。「お父さん」とは金田一京助《きょうすけ》のこと。外から遊びほうけて帰って来た私を見て発した、何げない言葉だったようですが、これが私の頭に深く刻まれました。私は長じてから、一度は父とはまったく別の方面に進もうと志し、またそれを諦《あきら》めて父と同じ道を進んでからも、絶えず父の影響《えいきょう》を受けることを拒《こば》んだのも、この言葉が頭の中にあったからでした。

五月二十一日

浜《はま》 美枝《みえ》
俳優
（1943〜）

背のびが
今日の自分を創《つく》るうえの
原点だった

二まわりも三まわりも自分を大きくみせようと努力すればこそ、それなりの結果が得られるのだと今も思います。しかし、自分の立脚《りっきゃく》点を知ってからの背のびと、それ以前の背のびとは明らかに違《ちが》います。

五月二十二日

安野《あんの》光雅《みつまさ》 画家（1926〜2020）

ヒトリ　ダマリノミチ
ナガイ
フタリ　ハナシノミチ
ミジカイ

終戦直後、バス停で会った朝鮮人《ちょうせんじん》の老婆《ろうば》が、その頃《ころ》いつも満員のバスに置き去りにされることを見こして、私《わたし》に語りかけた言葉です。

若かった私は乗りましたが、老婆は乗れませんでした。知っている日本語を動員して語った彼女の声が、今も耳の底に残っています。

五月二十三日

白石《しらいし》一郎《いちろう》
作家
（1931〜2004）

才能は
静寂《せいじゃく》の中で養われ
品性は
世の嵐《あらし》の中でつくられる

ずいぶん昔から座右の銘《めい》の一つとして心にきざみこんでいる言葉です。ゲーテの書簡か作品から拾ったような気もしますが、記憶《きおく》がおぼろで出所不明です。

折りにふれてひょいと思いだし、自戒《じかい》のために役立てています。騒々《そうぞう》しい環境《かんきょう》のなかでは私《わたし》のようなささやかな才能はつぶされてしまいますし、世間の風潮に流されやすい性格は、品性低劣《ていれつ》となるおそれが大いにあります。そんな風に素直《すなお》に解釈《かいしゃく》して、この言葉を大切にしている次第《しだい》です。

五月二十四日

山田太一《やまだたいち》
脚本家（1934〜）

隔《へだ》たりのある関係を大切に

本気でつき合うとは、よく言われるように、相手にストレートに熱い感情をぶつけることでは決してない。むしろ、相手と一定の隔たりをおいて冷静につき合うことが、相手を大切にしていることだと思うのです。

五月二十五日

篠《しの》田《だ》桃《とう》紅《こう》
美術家
（1913〜2021）

信《しん》頼《らい》への筋道

信頼は、言葉とか物とかの立ち入りにくい場、心の奥《おく》深い場で、ひっそりと育つものであるらしく、そういう心の間を言う言葉と思いたい。

実生活の上で、お互《たが》いにうなずき合えるものがある間柄《あいだがら》も好ましいものではあるが、私《わたし》などは、ある何気ない美しいものをふと見合って、うなずき合う気持ちのようなものから入る信頼への筋道もあると思われ、そのほうが更《さら》に好ましい。

源氏《げんじ》鶏太《けいた》
作家
（1912〜1985）

勇気

「金を失うことは小さく失うことである。名誉《めいよ》を失うことは大きく失うことである。しかし勇気を失うことはすべてを失うことである」

これはチャーチル首相が戦争中に英国民を叱咤激励《しったげきれい》した言葉である。ゲーテの詩から引用してある。私は、このことを知ったのはおよそ十五年前であるが、今でもときどき思い出して自分自身を叱咤激励している。「勇気」と口にするだけでもその効果がある。

五月二十七日

立《たて》松《まつ》和《わ》平《へい》
作家（1947〜2010）

流れる水は先を争わず

私の座右《ざゆう》の銘《めい》である。いつも自然体であるがままにいようということだ。

自分だけ少しでもよくなろうと思い、無理をして先へ先へと急いでいくとする。結局人を押《お》しのけることになり、そこから争いごとが生まれてくる。水のように流れていけば、この世はすべてうまくいく。

流れる水は一緒《いっしょ》に流れているだけで、まわりを押しのけているわけではない。どんなに急いでも、まことに円満にこの世の摂理《せつり》の中におさまっているのである。

人の生き方も、そのようにありたいものだ。

五月二十八日

有吉《ありよし》玉青《たまお》
作家
（1963〜）

自分のいいときを基準にするな

何をやってもうまくいかない、いやなことばかり起きる、もうだめだ。そんな失意のときに、友人に言われた言葉です。確かに私は自分の好調なときと比べて、自分の状況《じょうきょう》を嘆《なげ》いていました。

悪いときにはつい、よかったときのことを思い、よけいにつらくなるのでしょう。何と比べることもなく、今はそういうときと腹をくくれば――気持ちが楽になりました。そして、いいことがあったとき、いっそう幸福を感じられるようになったのです。

五月二十九日

辻《つじ》村《むら》寿《じゅ》三《さぶ》郎《ろう》

人形師（1933〜）

吸って吐《は》く息

人間は、夢中で活《い》きていると、四六時中、息を吸って吐いていることなど、すっかり忘れている。寝《ね》ている時も、話している時も、泣く時も笑う時も、ちゃんと息をしているのだと気がついた時に、はじめて、その自然の力のおどろきと、喜びを感じるものだ。

この言葉を知ってから、創るもの、見るものの本当の美しさを知ったような気がします。草や木、鳥や獣《けもの》、魚や虫、みんな同じに息をしていると思うと、嬉《うれ》しくって、楽しくって、活きていることが、二倍も三倍もに思える。

五月三十日

時実新子《ときざねしんこ》

川柳作家／エッセイスト
（1929～2007）

太郎を呼べば太郎がくる

祖母からの口移しなので、出典は明らかでありません。祖母が言うには「呼べば呼んだ人がくるじゃろ？　太郎サーンに花子はこないわな。じゃから、いいことを呼びんさいや」とのこと。太郎は幸福の代名詞なのでしょう。

子どものころはすんなりわかっていたのに、おとなになると、こんがらがりました。たとえば、病気になると、そのことに執着《しゅうちゃく》する。つまり呼んでいるからよけいに病《や》むのですね。はっと気づいては太郎を呼ぶように心掛《が》けています。

五月三十一日

山極《やまぎわ》寿一《じゅいち》

京都大学第二十六代総長（1952〜）

自然がほほ笑《え》むとき

私の恩師、伊谷純一郎《いたにじゅんいちろう》先生の残した言葉である。自然人類学のフィールドワークとは、自分が研究する対象が語りかけてくれるように振舞《ふるま》い続けなければならない。それがサルや樹木や岩であってもだ。結果を急いではいけない。彼らの側に立って世界を見つめるようになれば、いつか彼らの言葉で語りかけてくれる。それが、自然がほほ笑むときである。私もこれまでに何度かその至福の瞬間《しゅんかん》を味わってきた。京大総長になった今も、それを忘れずにいたいと思う。

六月

一日　松岡修造　プロテニスプレーヤー
二日　中村鴈治郎（四代目坂田藤十郎）　歌舞伎俳優
三日　堀紘一　経営コンサルタント
四日　茂山千五郎　狂言師十二世
五日　三浦綾子　作家
六日　田沼武能　写真家
七日　篠田正浩　映画監督
八日　小林亜星　作曲家
九日　津本陽　作家
十日　木下恵介　映画監督
十一日　田辺聖子　作家
十二日　サトウサンペイ　漫画家
十三日　桂米朝（三代目）　落語家
十四日　邱永漢　作家
十五日　桂小文枝（三代目）　落語家
十六日　三浦朱門　作家
十七日　白川静　中国文学者
十八日　月山貞一（二代）　人間国宝／刀匠
十九日　下村満子　ジャーナリスト
二十日　松本幸四郎（八代目）　歌舞伎俳優
二十一日　日下公人　多摩大学名誉教授／三谷産業㈱監査役
二十二日　大山のぶ代　俳優
二十三日　阿久悠　作家／作詞家
二十四日　林静一　イラストレーター／画家
二十五日　宮本文昭　音楽家
二十六日　埴谷雄高　作家
二十七日　森本毅郎　テレビ・キャスター
二十八日　黒井千次　作家
二十九日　松谷みよ子　児童文学作家
三十日　米沢富美子　物理学者

六月一日

逃げずに全力で立ち向かう

松《まつ》岡《おか》修《しゅう》造《ぞう》

プロテニスプレーヤー（1967〜）

「ラクになる」という意味を考えたとき、それは二通りに分かれるでしょう。一つは気分的にはラクだけど結果が伴《ともな》わないとき。例えばテニスの試合で相手が格上の場合、「負けて当然」と思ってしまえば、こんな気楽なことはありません。しかしそれは、逃《に》げているのに過ぎないのです。もう一つは、最高のプレーをするためにプレッシャーに打ち克《か》ち、本来の自分の力を発揮するために気持ちをラクな状態にすることです。

■プラスイメージを持ち続ける

人は未来のことを考えると不安になるものです。うまくやれるだろうか。失敗しないだろうかと、どうしてもマイナスのイメージが湧《わ》いてくる。また逆に、過去を考えると怒《いか》りが生まれます。どうしてあんなことをしてしまったのか。もっとこうすればよかったんじゃないかと。この未来と過去の呪縛《じゅばく》から逃《のが》れるためには、今の一瞬《いっしゅん》に集中するしかありません。そして、今ある状況《じょうきょう》すべてをプラスイメージでとらえるのです。

試合中の重要な場面でサーブを打つ。そのときに「このサーブがうまく入るかな」と少しでも考えてはいけない。「絶対に入る。俺《おれ》はできる」と声に出して僕《ぼく》は言います。

そうすることで脳にはプラスのイメージが出来上がる。脳がプラス思考になれば、パフォーマンスは必ず上がる。これは科学的にも証明されていることです。反対にマイナスの言葉を発したりすれば、途《と》端《たん》に本来の力は発揮できなくなる。

チャンスボールがきてスマッシュする。それがネットに掛かってしまった。「くそっ、何をやってるんだ」と言えば、そのマイナスイメージが筋肉にまで伝わる。そしてそのイメージは次のプレーに確実に悪影響《あくえいきょう》を及《およ》ぼします。だから僕は、「ミスをしたときにもガッツポーズをつくれ」とジュニア選手たちに伝えています。

ミスをしてガッツポーズをするのですから、まわりからは奇妙《きみょう》に見えるかもしれません。でもまわりの反応なんて関係ない。自分自身にプラスイメージをつくることだけを考えればいいんです。それが結果として、気持ちをラクにさせてくれると僕は思っています。

自分のプラスイメージを邪魔《じゃま》するものとして「プレッシャー」というものがあります。しかしそれは如何《いかん》ともしがたいもの。なぜならプレッシャーはまわりが勝手につくりだすものだからです。「君ならばできる」「君には期待している」。そう言われることでプレッシャーは生まれる。

でも逆に言えば、期待されない人間にはプレッシャーなどないということです。もしも今プレッシャーを感じているならば、それは喜ぶべきこと。ありがたいと解釈《かいしゃく》すればいいんです。

それに比べて「緊張《きんちょう》」というものは自らが生み出すものです。勝ちたいという気持ち、うまくやりたいという気持ちが緊張を生む。

僕はいつも明るく積極的な人間だと思われがちですが、実はものすごく緊張するタイプです。テレビの本番前には、緊張で手が冷たくなってきます。生放送の途中でも、頭が真っ白になることが多々あります。

　でもそれは、少しでもいいレポートを伝えたい、という真剣《しんけん》な気持ちがあるからこそ緊張するわけです。「ただなんとなく伝わればいいや」と思えば、それこそ気持ちはラクになる。でもそれは、真にラクになったわけじゃない。ラクなところへ逃げ込《こ》んでいるだけなのです。

　ほんとうの意味でラクになるとは、あらゆるプレッシャーや緊張と向き合い、それらを克服《こくふく》したところから生まれるもの。怖《こわ》いほどの緊張感の向こうにこそ、ラクになれる場が待っているのだと思います。

自分に言い訳をしない

　試合では勝つことより負けることのほうが多い。人生も成功するより失敗することのほうが多いでしょう。

　でも、失敗したから終わりじゃない。なぜ失敗ばかりするんだろうと悩《なや》むより、どうすれば成功するかを考え続けること。失敗を恐《おそ》れてはいけない、失敗から多くを学ばなくてはいけない。そして失敗から学ぶためには、常に一所懸命《けんめい》でなければいけない。

　僕が子供たちを指導するなかで、一番教えたいのは「逃げない」こと。逃げるくらいならやめたほうがいい。失敗を恐れずに、自分に言い訳をせずに必死でやること。そしてできなかったことができるようになった喜び、生きている喜びを噛《か》みしめてほしいと思います。

六月二日

一生修業
一生青春

——中村《なか》《むら》鴈治郎《がんじろう》
(四代目坂田藤十郎)
歌舞伎俳優
(1931～2020)

此《こ》のことばは、昨年十一月、歌舞伎座《かぶきざ》で、三代目中村鴈治郎を襲名《しゅうめい》した時に、改めて思いを深めたのです。何度も上演致《いた》しました役でも、毎日毎日が、新しい気持ちで、お客様に観《み》ていただかなくてはならず、又《また》、それが最高の出来だと思った事は、今まで只《ただ》の一度もございません。この部分はこうしたらよかったか、あの部分を少し直そうかと悩み、そして考えて、役作りを致します。役者は一生、このような思いをして終わるのだとつくづく感じさせられます。それには何時《いつ》も、何かに燃えていなくてはなりません。若い頃《ころ》と同じように、芸に対する情熱を人一倍、燃やし続けて行くのです。一生修業、一生青春と何時も自分に言い聞かせて居《お》ります。そうした生涯《しょうがい》を、おくる事の出来る私は、本当に幸せ者だと、感謝致しております。

六月三日

──堀《ほり》紘《こう》一《いち》

経営コンサルタント（1945〜）

等しきものは等しく扱い、
等しからざるものは
等しからざるように。
但《ただ》し、その差異に応じて

──アリストテレスの公平の原則

戦後の日本の発展は平等原則。それも結果としての平等原則を頑《かたく》なに守って大発展したが、バブル崩壊後、アリストテレスに戻らないと長期の発展がないことが歴然としてきた。

特に経営者としては「その差異に応じて」が難しい。差異をどう計測するかによって、会社の大発展にも崩壊にもつながりそうで。

六月四日

笑う門《かど》には福来たる

茂《しげ》山《やま》千《せん》五《ご》郎《ろう》
狂言師十二世（1919〜2013）

狂言《きょうげん》の小舞《こまい》で、「いでいでこのついでに、楽しゅうなる様語りて聞かせん、朝起きとうして慈悲《じひ》あるべし、人の来るをもいとうべからず夫婦《めおと》の中にて腹立つべからず、さてその後に我等《ら》が様なる福天《ふくでん》に、如何《いか》にもお仏供《ふく》を結構して、さて中酒にはふる酒を、いやと言う程《ほど》盛るならば、楽しゅうなさでは、叶《かな》うまじ」と謡《うた》いながら福の神が舞《ま》い最後に大笑いをします。

家中忙《いそが》しくなりますと「人の来るをもいとうべからず」「笑う門には福来たる」といってなぐさめあっています。

何ごともくよくよせず大らかに笑って人生を送りたいものです。

六月五日

三浦《みうら》綾子《あやこ》

作家
(1922〜1999)

一生を終えてのちに残るのは、われわれが集めたものではなくて、われわれが与《あた》えたものである

私の母は、よく、人にものを与える人だった。人様が見えた時、戸棚《とだな》の中に何か一つでも残しておくことを嫌《きら》った。金を借りに来る人があると、簞笥《たんす》の中から羽織などを出して、近所の質屋に走る人だった。子供の私たちには、いつも損をしている母親に見えた。

長じて、ジェラール・シャンドリーの「一生を終えてのちに残るのは、われわれが集めたものではなくて、われわれが与えたものである」の言葉を知った。私には、母の言葉のように思われた。

六月六日

田《た》沼《ぬま》武《たけ》能《よし》
写真家
（1929〜2022）

仕事が楽しみならば
人生は極楽
仕事が義務なら
人生は地《じ》獄《ごく》だ

ロシアの作家、ゴーリキーの書いた『どん底』に出てくるセリフの一節。

私は、人の生涯《しょうがい》は仕事の連続だと思っている。初めて仕事が出来るようになったときは嬉《うれ》しくてたまらないが、少し仕事が多くなるとなまけ心が起きてくる。

そんな時、このセリフを思い出す。いやいや仕事をしても一生、楽しく仕事をしても一生、同じ生きるなら楽しく仕事をして一生を送りたい。

六月七日

篠《しの》田《だ》正《まさ》浩《ひろ》 映画監督（1931～）

世の中は地獄《じごく》の上の花見かな

――一茶《いっさ》

平和な表情をみせていても、世間の内実は阿鼻叫喚《あびきょうかん》の巷《ちまた》である。弱者には心穏《おだ》やかな日など長つづきはしない。この非情な世間と向かい合った一茶も、苛酷《かこく》な試練から逃げられなかった。遺産相続にからむ骨肉の争いに敢《あ》えて挑《いど》み、何度も妻を必要とした一茶の色欲の強さを誰《だれ》も批難できまい。彼の率直《そっちょく》で人間的な言葉の数々は、私たちと同じ感情を共有していて、ユーモアさえ溢《あふ》れでている。そのやさしい諦念《ていねん》が私の心を救ってくれるのだ。

六月八日

小林《こばやし》亜星《あせい》
作曲家
（1932〜2021）

人生を謳歌《おうか》する

人生も旅に似ているのではないだろうか。

生真面目《きまじめ》にガイドブックをなぞるような生き方などしなくていいのだ。気に入った場所で立ち止まり、気持ちがよければ昼寝《ひるね》したっていい。

「えっ、あの美術館行かなかったの？」

などと後で言われたとしても、自分が楽しかったのならそれでいい。そんなふうに思えるのが、得な性格への第一歩なのだ。

六月九日

津《つ》本《もと》陽《よう》
作家
（1929〜2018）

四十九年夢中酔
一生栄輝一杯酒

上杉謙信《うえすぎけんしん》が死の数日まえに記していたという辞世の頌《じゅ》である。

十四歳《さい》のときから戦場に出て強敵をつぎつぎと倒《たお》し、生涯《しょうがい》不敗であった謙信の辞世は、肺腑《はいふ》に沁《し》みるような虚無《きょむ》の感慨《かんがい》をやどしている。

人為《じんい》はすべて歳月に洗われ消えうせるのみである。常に陣頭にあって身命を惜《お》しまず、生きようと思えば死に、死のうと思えば生きると家来に諭《さと》した武将のいさぎよい心中が、頌をくちずさめば心に伝わってくる。

六月十日

木《き》下《した》恵《けい》介《すけ》
映画監督
（1912～1998）

草々の
呼びかはしつつ
枯《か》れてゆく

中学二年のときの担任、相生垣瓜人《あいおいがきかじん》先生の句である。映画界、テレビ界に生き、つくづく人間関係の煩《わずら》わしさに吐《と》息《いき》して、腹の立つこともしばしばであるが、そんな時ふと浮《う》かぶのがこの句である。所詮《しょせん》、微風《びふう》にもそよぐ生命《いのち》の、その終わりの美しさに胸を打たれる。相生垣先生は三年ほど前、『非情の水』と題する五十句で蛇笏《だこつ》賞を受けられた。うれしかった。

六月十一日

田辺聖子《たなべせいこ》
作家（1928〜2019）

「（物語は）神代《かみよ》より世にあることを、記しおきけるななり。日本紀などは、ただかたそばぞかし」

（『源氏物語』螢《ほたる》の巻）

物語――小説というものは、神代の昔からこの世に起こったできごとを書いてきたものなんでしょう。『日本書紀』のような、正式の歴史書に書かれたことは、ほんの片端《かたはし》ですよ。紫式部《むらさきしきぶ》はそう自負する。人生と人間のありのままの姿は、文学にこそいきいきと伝えられるのだというう。

学校の教科書なども「ただかたそばぞかし」――若い年《とし》頃《ごろ》にこそ感動する芸術とめぐりあうべきである。

六月十二日

サトウサンペイ

漫画家（1929〜2021）

人生には三つのものがあればいい。希望と勇気とサム・マネー

大昔、チャップリンの『ライム・ライト』を見たとき、映画の中で若いバレリーナが「人生どうしたら生きてゆけるのか」と、チャップリンに聞いた。すると、「なーに、人生には三つのものがあればいいんだ。希望と勇気とサム・マネー（わずかなお金）だ」と答えた。

そうか、サム・マネーでいいのか、マッチ・マネー（たくさんのお金）でなくてもいいんだな。そう思うと、勇気が出て、なんとか希望に向かって歩んでゆけるような気がした。

六月十三日

本当に思っていないんだ

桂《かつら》米《べい》朝《ちょう》（三代目）
落語家（1925〜2015）

「君はえらい落語家になりたいと思っていますか」「はい、思っています」「それは嘘《うそ》だ」……その人はキッパリ言った。

「私は素人《しろうと》だから具体的にどうせいとは言えないが、本当にそう思っているなら、毎日こんな日のすごし方はしていないはずだ。それはね、まだ本当にそう思っていないんですよ」……私はガツンとやられた気持ちでした。三十一年前、神戸《こうべ》である御方《おかた》に言われた言葉、今に忘れません。

六月十四日

邱《きゅう》永《えい》漢《かん》
作家
（1924〜2012）

見切り千両

もともとは株のコトワザですが、人生万般にわたって通用する教訓だと思っています。

見切るということは「損を覚悟《かくご》で整理をする」ということですが、これがなかなか難しいのです。株でも商売でも皆《みな》そうです。傷の浅いうちに整理しておけばよいものを、小さな損を惜《お》しんでだんだん深間にはまり込《こ》み、遂《つい》に再起できないほどの痛手を蒙《こうむ》ります。古人はそういう決断の悪さを戒《いまし》めて、思い切ることには千両ほどの値打ちがあると言ったのでしょう。

六月十五日

——桂《かつら》小文枝《こぶんし》（三代目）

落語家（1930〜2005）

商《あきな》いは、飽《あ》きないから生ず……

よく、私の師匠《ししょう》が言うてました。

「〝一題百話〟つまり、一つの噺《はなし》を自分のものにするのには、百回、喋《しゃべ》らなアカン」と。好きな事でも、何回も繰《く》り返《かえ》すと飽きてくるもんです。根気がいります。

「師匠、弟子《でし》にして下さい。僕《ぼく》、落語家になりたいんです。一生懸命《いっしょうけんめい》、頑張《がんば》ります」と言うてた者が、単調な弟子生活に飽きて、やめて行ってしまう事が多いんです。

噺が、自分の商売の元であり、財産やとわかっていながら、稽古《けいこ》をおろそかにしたり、邪魔《じゃま》くさがってしない事がありますす。

そんな時〝商いは、飽きないから生ず……〟という言葉を想《おも》い出《だ》し、自分に言い聞かせて、四十余年間、演《や》ってきましたし、これからも弟子にそう教え、自分にもそう言い続け乍《なが》ら生きていくつもりです。

六月十六日

三浦《みうら》朱門《しゅもん》
作家
（1926〜2017）

討《う》ち入《い》りより昼《ひる》行《あん》燈《どん》が幸せだ。

父はある時、私があくせくしているのを見て、男は一生に一度、あの人がいてよかったと思われればいいので、その日のための勇気を養っておけばよい、と言った。私がもし生涯《しょうがい》に一度のチャンスがこなかったらどうするかと質問すると、父は答えた。

「それは平和ということで、そんな幸せはないではないか。大石内蔵助《おおいしくらのすけ》は討ち入りなどせずに、一生昼行燈でいられたほうが、赤穂藩《あこうはん》にとっても彼にとっても幸せだった」

六月十七日

白《しら》川《かわ》静《しずか》

中国文学者（1910～2006）

芸に遊ぶ

「芸に遊ぶ」は、論語にみえる孔子《こうし》のことば。芸は礼樂《れいがく》など、今のことばでいえば、すべて文化にかかわることをいう。孔子はこの語に、人生の最高の境地を託《たく》した。

画家は画に遊び、書家は書に遊び、学者は学に遊び、科学者は自然の神秘の世界に遊ぶ。遊ぶとき、人は最も無心の境地となる。最も無心のとき、人は最も神に近づくことができる。

一芸に遊んで、その一生を送ることが、できるならば、人生の至福、これに過ぎるものはないというべきであろう。

六月十八日

耐える

――月山《がっさん》貞一《さだいち》（二代）

人間国宝／刀匠
（1907～1995）

苦しかった修業《しゅぎょう》時代から、私の心をいつも励《はげ》まし続けてくれたことばである。

辛《つら》く厳しかったあの頃《ころ》、このことばに支えられ、技術を磨《みが》く苦労も、あまり気にはならなかった。また、戦後の混乱期、自由な刀剣《とうけん》製作もままならなかった時、糊口《ここう》をしのぎつつ、一つの道を歩み続けることができたのも、このことばが、私を勇気づけてくれたからだ。

ふりかえって、赤く熱した鉄を打って刀剣を鍛《きた》えることは、鉄との闘《たたか》いというよりも自分との闘いであったような気がする。

六月十九日

下《しも》村《むら》満《みつ》子《こ》
ジャーナリスト

本来無一物

亡き父からたたき込まれた言葉である。

人間は裸で生まれて裸で死んでいく。この世で手にする富、名声、肩書き、社会的地位、そんなものは、ほんのかりそめのいわば身にまとった衣服やアクセサリーのようなもの。そうした外見にごまかされてはいけない。

人を見る時は、そうしたものをすべてはぎとって、その人の本質、裸の人間を見よ。それでも光り輝いている人、つまり心の美しい人こそ、本物なのだ。そう教えられた。

これは私の座右の銘である。

六月二十日

――松本幸四郎《まつもとこうしろう》（八代目）

歌舞伎俳優（1910〜1982）

無欲の欲

出典も知らず、どなたのことばかも知らず、私はこの「無欲の欲」という言葉が好きだ。「大欲は無欲に似たり」というのとはすこし違《ちが》って、主観的なものだ。誰《だれ》だって欲のない人間はいない。ただ、何事かに夢中になって、欲望のあまり、醜《みにく》い争いを始めたり、願いが叶《かな》わないと怒《おこ》ったり、自棄《やけ》になったりしないよう、できる限りの努力を続けながら、結果を恐《おそ》れない……、そんなふうにありたいと思い、そう努めている。というより、習い性となって、周囲から歯痒《はがゆ》く思われている私だ。

六月二十一日

日下公人《くさかきみんど》

多摩大学名誉教授／三谷産業㈱監査役（1930〜）

千客万来

〝お客さんがくる家は栄えるんだよ〟

〝お客さんがきたら喜んでお相手をするんだよ〟

子供の頃たびたび聞いたので、千客万来が私の人生態度になりました。

学生のときもサラリーマンのときも、それをやっていると、いつしか雑情報だらけの本を書く人間になりましたが、ともかくこれは毎日が楽しくてよいのです。

六月二十二日

大山《おおやま》のぶ代《よ》

俳優（一九三六〜）

気を使うより身を使え

不意の来客……。今夜のおかずは……と、こんな時頭でいろいろ考えているより、まず体を動かし、鍋《なべ》一杯のお湯をわかす。その間に野菜籠《かご》、冷蔵庫、のぞいてみれば何がしか献立《こんだて》が出来るもの、気を使ってあれこれ思うより、行動を起こすのが一番。毎日台所で動いていると、本当にそうだと思う言葉。とは言うものの、子どもの頃《ころ》「気のきかない娘《こ》だね」と言われるのが一番はずかしい事だった。となると〝気を使って身を使え〟が本当の所でしょうか……。

六月二十三日

阿《あ》久《く》悠《ゆう》

作家／作詞家（1937〜2007）

人間は十人十色なんだよ

警官であった父が、ポツリと言ったことばである。別に警句を発するつもりでも、教訓を与《あた》える意味でもなく、日常の職業的感想といったものであったのだが、妙《みょう》に響《ひび》いた。

人間は一人一人が違《ちが》う。「十人十色」は、「十人十才」でもあり、「十人十意」でもあり、「十人十道」でもある。

他人や他国を理解することは、同質になるのではなく、異質を理解することである。それが尊厳にもつながるのだ。

六月二十四日

林《はやし》 静一《せいいち》

イラストレーター／画家
（1945〜）

「幸福」が來たら、
躊《ため》らわず前髪《まえがみ》をつかめ、
うしろは禿《は》げているからね。

『レオナルド・ダ・ヴィンチの手記』
（岩波文庫・杉浦明平訳）

ぼくはこの言葉を知るまで、「幸福」が禿げていることを知らなかった。「幸福」は、うしろが禿げている……ぼくは妙《みょう》に感心し、この言葉が心に残った。

それからいくつか「幸福」を体験し、ぼくは「幸福」のただなかで「幸福」に気付かず、「幸福」が去って「幸福」の存在に気付くことがあることを知った。

そこでダ・ヴィンチさんは、「幸福」を後ろから摑《つか》もうとしても、「幸福」には後ろ髪が無いと言った。「幸福」が来たら、照れずに正面から摑めと言っている。

六月二十五日

宮《みや》本《もと》文《ふみ》昭《あき》
音楽家
（1949〜）

大いなるものへの、「芯《しん》」

最近、指揮者としての活動が増えて、改めて音楽の「芯」に触《ふ》れる機会が多くある。ひとたび舞台《ぶたい》に立つと、自分は一音も発することなく、一家言ある百人のオーケストラと千人からの観客の狭間《はざま》に立たされる。後戻《あともど》りは出来ず、その瞬間《しゅんかん》瞬間を完全燃焼《ねんしょう》、生き切るしか道はない。

今この時！　を突《つ》きつけられると、音楽の芯、自分の生き様の芯を捉《とら》え続ける以外なくなる。そんな瞬間に想像もつかないほどの大いなる何か、を感じさせてもらい、音楽家冥利《みょうり》に尽《つ》きると思っている。

六月二十六日

埴《はに》谷《や》雄《ゆ》高《たか》
作家
(1909〜1997)

大脳には叡知《えいち》、
心臓には悲哀《ひあい》、
生殖器には美、
四肢《しし》には釣り合い、

(ウィリアム・ブレーク)

短い簡潔句は、一度刻印されるとついに終生忘れられず、深夜、闇《やみ》の中を通りながら、ふと、一句を呟《つぶや》くと、ブレークはブレークの他《ほか》の言葉を誘《さそ》い出し、まさに、コレスポンデンスである。

六月二十七日

森《もり》本《もと》毅《たけ》郎《ろう》　テレビ・キャスター（1939〜）

時を短くするものは何か、
活動。
時を堪《た》え難《がた》く
長くするものは何か、
安《あん》逸《いつ》。

ゲーテ『西東詩集』

自分にとって、どんなに無意味に思える時でも、それを無意味のままにしている限り抜《ぬ》け道がない。自分を駆《か》り立てて行動すること、そこから時が生きてくることを教えられたことばである。

六月二十八日

黒《くろ》井《い》千《せん》次《じ》

作家

（１９３２〜）

見える部分より見えない部分の方がはるかに大きい

ある小さなきっかけで人が本当に変わるのだとしたら、彼の中にそれを許すような長い蓄積《ちくせき》があったに違《ちが》いないのだ。小さなきっかけとは、必然の力を現実のものとするための偶然《ぐうぜん》の手がかりであるに過ぎない。いうまでもなく、ここで大切なのは偶然のきっかけよりも蓄積されていたエネルギーの方である。見える部分より見えない部分の方がはるかに大きいのは、なにも氷山だけではない。

もしも人間が変わり得《う》るとしたら、それは長い長い道のりを歩いた末のことである、とぼくは考えたい。

六月二十九日

松《まつ》谷《たに》みよ子《こ》

児童文学作家（1926〜2015）

ただ人生をお書きなさい

文学の師、坪田譲治《つぼたじょうじ》に出会ったのは、私が二十一歳《さい》のころであった。戦争のため疎開《そかい》していた長野で、友人の紹《しょう》介《かい》により野尻湖《のじりこ》に疎開されていた師の許《もと》を訪《おとず》れ、ノートに記した作品をみていただいた。以来、数十年、師の許で学んだ。そのときの師の言葉である。

「三枚の作品でもよい。千枚の作品でもよい。ただ、人生をお書きなさい」

その言葉はいまも心に鳴りひびいている。

六月三十日

できないわけはないだろう

米沢《よねざわ》富美子《ふみこ》
物理学者（1938〜2019）

亡夫《ぼうふ》の言葉である。彼《かれ》の求婚《きゅうこん》を受けて、物理の研究と結《けっ》婚《こん》・出産・育児の両立ができるかと悩《なや》んだとき、「できないわけはないだろう」と彼が言った。

また、米国に住んでいた頃《ころ》のこと。隣《となり》の州で開催《かいさい》される米国物理学会に出席するには、ハイウェイを数百キロも一人で運転する必要があった。運転免許《めんきょ》取り立ての私が迷っていると、夫の口から「できないわけはないだろう」が出た。

夫のこの言葉のおかげで、私はどんな状況《じょうきょう》にあっても、自分の可能性に限界を引かず、果敢《かかん》に挑戦《ちょうせん》して生きてこられた。

七月

一日 堀場雅夫 ㈱堀場製作所会長
二日 宇野千代 作家
三日 樋口恵子 評論家
四日 浅井愼平 写真家
五日 観世清和 二十六世観世宗家
六日 童門冬二 作家
七日 轡田隆史 文筆家／テレビ朝日系「スーパーJチャンネル」コメンテーター
八日 岩下志麻 俳優
九日 田原総一朗 評論家／ジャーナリスト
十日 陳 舜臣 作家
十一日 加藤登紀子 歌手
十二日 中島義道 哲学者
十三日 浜村 淳 パーソナリティー／映画評論家
十四日 柳家小さん（五代目） 落語家
十五日 高橋克彦 作家
十六日 高嶋ちさ子 ヴァイオリニスト
十七日 古関裕而 作曲家
十八日 一龍斎貞水（六代目） 講談師
十九日 細川護熙 第七十九代内閣総理大臣
二十日 田中一光 グラフィックデザイナー
二十一日 郡司正勝 早稲田大学名誉教授
二十二日 吉田直哉 武蔵野美術大学教授
二十三日 津島佑子 作家
二十四日 古山高麗雄 作家
二十五日 上野千鶴子 社会学者
二十六日 金子兜太 俳人
二十七日 中村メイコ 俳優
二十八日 土屋賢二 お茶の水女子大学名誉教授
二十九日 増井光子 東京都恩賜上野動物園元園長
三十日 向笠千恵子 フードジャーナリスト／エッセイスト
三十一日 内海桂子 漫才師

七月一日

堀場雅夫《ほりばまさお》

㈱堀場製作所会長（1924～2015）

本気でやれば、おもしろくなる

仕事がつまらない。今の仕事は自分には合わない。上司や会社にも不満がある。ブツブツとボヤいてばかりいる人がいます。考えてみれば、人生の中で仕事をしている時間は、ものすごく多い。その多くの時間を楽しく過ごすか、はたまたボヤいて過ごすか。それは自分次第だと思うんです。

『イヤならやめろ！』という本を書きました。仕事がイヤだ、会社がイヤだと文句を言うのなら、辞《や》めてしまえばいい。ただし、辞める前に本気で仕事に取り組むこと。必死になって今の仕事をやってみて、それでも自分には合わないと思ったら辞めればいい。本気でやったこともないままに辞めるのは、単に逃げているだけだ。そういう趣旨《しゅし》で書いたんですが、これがものすごい反響《はんきょう》を呼んだ。

読者からたくさんの手紙が届きました。その多くには、こう書かれていた。

「騙《だま》されたと思って、今の仕事に本気で取り組んでみました。どうせ辞めるのだから、最後くらい本気でやってやろうと思ったんです。ところが、本気でやればやるほど仕事がおもしろくなっていく。自分はこんなおもしろい仕事をやっていたのかと気づきました」

「おもろい人生やったなあ」と最期には思いたい

本気にならなければ、必死で取り組まなければ、物事のおもしろさなどわかりません。これは仕事でも家事でも子育てでも同じです。何事も中途半端《ちゅうとはんぱ》で、すぐに諦《あきら》めてしまう。それを他人のせいにして、ボヤいてばかりいる。そういう人生が幸福だとはとても言えないでしょう。

ただし、物事には必ず制限がつきものです。サラリーマンは、自分の好きなようにできないと言う。一方、私は「あなたは社長だから好き放題できていいですね」と言われる。とんでもありません。

確かに自分の会社の中では、少しは自由にやれるかもしれない。しかし、一歩外に出れば、制限されることばかりです。九九%のことは自由にはならない。でも、残りの一%の中で好きなことをやる。自分で努力をして、一%を二%にと段々上げていく。それが充実感《じゅうじつかん》につながっていくのだと思います。

我が社《わがしゃ》の社是《しゃぜ》は「おもしろおかしく」です。これはふざけているのでも何でもありません。おもしろく好き放題にやるということでもない。本気で取り組めば、必ず仕事はおもしろくなる。いや、自分の力で仕事をおもしろくしてしまう。

せっかくの人生、「つまらん人生やったな」と思って死にたくない。「やることもやったし、おもろい人生やったなあ」と最期《さいご》には思いたい。本気で生《い》き抜《ぬ》いたという充実感こそが幸福なのだと私は思います。

「幸福」は「不幸」に引き込まれる

幸福な人生を送るためには、二つのバランスが大切だと考えます。一つは自分とお金や肩書《かたが》きとのバランスです。

たとえば、自分が五十の能力の時には、五十のお金と五十の肩書きをもつことが幸せにつながる。五十の能力なのに八十のお金をもったり、あるいは能力に見合わない肩書きをもたされたり。それはとても悲劇的なことだと思うのです。

逆に、自分の能力以下のお金や肩書きもしかりです。それぞれの人が、そのときの能力に最適なお金と肩書きを手にする。その状態が人間にとって最も幸福な状態なのです。そして、そのためには、常に自分を客観的に評価しなければならない。これが日本人は、とても下手《へた》だと思います。

もっと言うなら、日本人は自己評価が低すぎる。「まあ自分はこんなもんだろう」「まあ課長までなれたんだからよしとしよう」。突《つ》っ走ればまだ成長するのに、ふっとアクセルを緩《ゆる》めてしまう。自分で自分の能力を制御《せいぎょ》してしまうところがある。でも、思い切ってアクセルを踏《ふ》み込《こ》むことで、新しい自分が見えてくるものです。

いま一つのバランスは、人生全体のバランスとでも言いましょうか。人は皆《みな》、四つの顔をもっている。一つは家庭人としての顔。父であり夫である自分です。一つは職業人としての顔。私であれば堀場製作所の会長としての顔です。そして社会人としての、一市民としての顔。最後に動物としての顔です。

この四つの顔をいかにバランスよくもつかです。職業人としての顔は立派でも、家族を顧《かえり》みないようでは何もならない。一市民としては慕《した》われていても、職業人として通用しなければこれも困る。動物的な本能そのままに生きていたら、犯罪者にもなりかねない。どの顔もバランスよく大切にしなければ、人生の幸福はやってこないのです。

私はこれまで生きてきて、幸福は不幸に引っ張り込まれるということを痛感しています。いくら職業人として大成功しても、家庭が不幸な状態であれば、必ずその渦《うず》の中に引き込まれる。多くの幸福があっても一つの不幸があれば、それに引きずられることが多い。四つの顔は別々のようであって、実は糾《あざな》える縄《なわ》のようになっている。それが人生というものなのです。

日本に生まれただけで、九十点は取っている

私達は日本という国に生まれました。誰《だれ》も選んで生まれてきたわけではありません。この豊かな国に生まれてきたことを、もっと噛《か》みしめることだと思います。

人間が真にパニックに陥《おちい》るのは、二つの状況《じょうきょう》だけです。一つは食べる物が何もないというとき。もう一つは死にたくないのに殺されるかもしれないという状況のときです。

戦中派の人間は、その両方を経験してきました。私も死ぬまでに一度でいいから、白いご飯を腹一杯《いっぱい》食べてみたいと思っていたものです。

今の日本でそんな状況はありません。食べ物はあふれているし、総理大臣や社長を批判したって殺されるわけでもない。防空壕《ぼうくうごう》の中で怯《おび》えることもない。

でも、世界にはまだそういった国がたくさんあります。餓死《がし》の恐怖《きょうふ》に脅《おび》え、明るい未来がまったく見えない。幸福とは何かなどと考える余裕《よゆう》もない。生きているだけで精一杯なのです。

そういうことを考えたら、日本に生まれたというだけで、もう九十点は取っているようなものです。何の努力もなしに九十点ももらっている。零点《れいてん》に近いような国からすれば、それはたいへんな幸せと言えるでしょう。だったら、せめてあと五点くらいは、自分の努力で取ることです。

ボヤいてばかりいる人生なんてつまらない。せっかく素晴《すば》らしい環境《かんきょう》に生まれたのだから、おもしろおかしく生きたい。

そのためには、今、自分の目の前にあることに本気になることです。本気でやってもつまらないものなど、この世にはないはずですから。

七月二日

宇《う》野《の》千《ち》代《よ》
作家
（1897〜1996）

いま、あなたの上に
現れている能力は、
氷山の一角。真の能力は、
水中深く深く隠《かく》されている。

これは私の経験から作った私の標語です。私は満八十五歳《さい》になりますが、いまでも、毎日、書きものをしたり、きもののデザインをしたり、新しい料理を発明したりして、自分の好きなことに打ち込んで、生活しています。一つのことをやりはじめると夢中になって、ほかのことを顧《かえり》みる余裕《よゆう》がなくなるところは、まるで恋愛をしているのと同じだな、と思います。

これからも、さまざまな経験をして、水中深く深く隠されている能力を、さがし出したいものと思います。

※1983年当時

七月三日

樋口《ひぐち》恵子《けいこ》

評論家（1932〜）

〝六方美人〟がちょうどいい

スーパースターと呼ばれる人たちはその人を好きな人きらいな人を五分五分に持つ、という説がある。だれからも好かれるのは決してスーパースターではない。私たち平凡《へいぼん》人はまあ、五分五分といかずとも「六方美人」ぐらいがちょうどいいところではないだろうか。「だれからも好かれる」なんてことはあり得ない、と覚悟《かくご》をきめて、八方のうち二方ぐらいからの冷たい風に耐《た》える精神が必要だ。

七月四日

浅《あさ》井《い》愼《しん》平《ぺい》
写真家
（1937〜）

人生は二度とないから、美しい。

——ぼくが気づいたこと

人生は一度きりです。人生を彩る天気さえも、同じということはありません。晴れの日、雨の日、曇りの日、というものはあります。でも、同じ光や雨が降るわけではありません。宇宙の法則はあるけれど、わたしという人はたった一人です。そして、生まれてきた喜びを持つかわりに、死んでゆくかなしみをもっています。似ているような事柄でさえも、その都度、変化しているのです。人生は二度ないから美しいのです。

七月五日

観世《かんぜ》清和《きよかず》

二十六世観世宗家（1959〜）

稽古《けいこ》は強かれ 情識《じょうしき》は無かれ

流祖世阿弥《りゅうそぜあみ》が六百年以上前に著《あらわ》した『風姿花伝《ふうしかでん》』の冒頭《ぼうとう》に出て来る言葉で、観世宗家《そうけ》が代々大切に受《う》け継《つ》いでおります。芸道《げいどう》の世界は「これで完成」という事はございません。己《おのれ》を向上させるために絶え間なく稽古を積み、たとえ目標が達成したとしても、慢心《まんしん》せず、次の目標へ向かい、さらに稽古を積む。また師伝《しでん》を仰《あお》ぐとともに、弟子《でし》からも、他《ほか》の舞台《ぶたい》からも学ぶものがある、と先代観世左近元正《かんぜさこんもとまさ》より教えられました。奢《おご》り高ぶりを戒《いまし》め、全《すべ》ての人を師と仰ぐ。まさに「稽古は強かれ、情識は無かれ」という事でしょう。

七月六日

童《どう》門《もん》冬《ふゆ》二《じ》
作家（1927〜）

「私はなんにも知りません。しかし、伸《の》びて行く方向に陽《ひ》が当たるようです」

（太宰《だざい》治《おさむ》『パンドラの匣《はこ》』）

わたしは〝ダザイスト（太宰人）〟をもって任じている。かれの作品との出会いは一九四七年（昭和二十二年）のことで、『斜陽《しゃよう》』の第一回目だった。なぜ童門《どうもん》というペンネームをなのるようになったのか、それは太宰治の作品がいまだにぼくを離《はな》さず、かれはぼくにとって悪魔《あくま》（デーモン）のような存在だからである。でも嬉《うれ》しい悪魔だ。掲《かか》げた言葉は、大きな失敗をして落ちこんだ時に、なぜこうなったのかと理由探しに悩《なや》むより、この問題をどうするかという前向きの考えに活用している。ヒマワリかカボチャのツルの発想だ。いまも勇気づけられている。

七月七日

轡田隆史《くつわだたかふみ》

文筆家／テレビ朝日系「スーパーJチャンネル」コメンテーター（1936～2022）

ちょっと気取って書け

作家、丸谷才一《まるやさいいち》さんの『文章読本』（中公文庫）にある言葉だ。「文章は文章の型にのつとつて書くもの」だから、まず名文を読んで型を学べ。その上で、「ちよつと気取つて書け」と教えている。

「ちよつと」のかねあいは難しいが、日々の生き方にも通じる教訓だ。たとえば、会社勤めの型、ルールを身につけた上で、ちょっと気取って、精神のオシャレを志せば、人生は豊かになる。第一歩は、鋭い文明批評に満ちたこの本を手にすることから始まる。

（引用の表記は原文の通り）

七月八日

岩《いわ》下《した》志《し》麻《ま》

俳優
（1941〜）

愛は愛を生む

私は、色紙に何か一言を添《そ》える時、必ずこの言葉を書きます。

人間は皆《みな》、愛に支えられて生きています。

親子の愛、夫婦愛、恋愛、隣人《りんじん》愛、友愛、兄弟愛、師弟愛、等々……。愛がなければ、人間は幸せな人生を送ることはできません。

そして、愛には常に〝ありがとうございます〟という感謝の気持ちが必要です。何人《なんぴと》にも、何事にも、感謝です。

感謝こそ、愛を生む原点ではないでしょうか？

七月九日

一身独立して一国独立する

——田原《たはら》総一朗《そういちろう》
評論家／ジャーナリスト（1934〜）

わたしは、この福沢諭吉の言葉を自分の背骨としている。

一身独立とは、国民の一人ひとりが自立する。自立ということは自分が生きることと同時に、社会に責任を持つことで、自立した人間たちの社会が重なることではじめて一国が自立するということである。

一人ひとりの日本の国民は、自立、独立しているだろうか。かつて、いや、今も引き続いてお上《かみ》だのみになっていやしないだろうか。

日本はこういう国でなくてはならないと考えている。

七月十日

陳《ちん》 舜《しゅん》臣《しん》

作家（1924〜2015）

興於詩、立於礼、成於楽。

詩に興《おこ》り、礼に立ち、楽《がく》に成《な》る。

『論語』のなかで私の最も好きな句である。

人間の教養について、孔子《こうし》が述べたといわれるくだりだが、私は「詩」を情熱と解している。人間的な行動は、情熱からはじまる。情熱をともなわない行動はナンセンスにほかならない。だが、情熱は過剰《かじょう》になりがちのものである。「礼に立ち」を私は「ルールに従う」と解している。自分の情熱の奔流《ほんりゅう》のために、他人に迷惑《めいわく》をかけてはならない。

「楽に成る」――完成された境地は音楽的なものだという。琴《こと》、瑟《しつ》、鐘《かね》、鼓《つづみ》、管、笛《ふえ》などさまざまな楽器が、それぞれの音をかなでながら、一つのハーモニーをつくりあげる。

だいぶ年をとっているのに、私は詩に興ってばかりで、礼に立つのに苦労している。ただ前途《ぜんと》に妙《たえ》なる音楽的境地があるのをたのしみに、この句をいつも心にくり返している。

七月十一日

加藤登紀子《かとうときこ》
（歌手　1943〜）

「どんなことが起きても強く生きるのよ」

八月[※]にTBS系列で放送された「レッドクロス〜女たちの赤紙〜」で、満州へ渡《わた》った従軍看護婦役の主人公が何度も言った言葉です。

聞きながら、わたしの母と重なりました。一九四六年終戦から一年余りの難民生活を終えて日本に引《ひ》き揚《あ》げるとき、母はまだ二歳《さい》の私をおんぶし、八歳の兄と五歳の姉にリュックサックを背負わせ、

「もし逸《はぐ》れても、一人で生きぬくのよ」

と言い渡したそうです。

この言葉こそ、歌手としての私の原点です。

※2015年当時

七月十二日

中島《なかじま》義道《よしみち》

哲学者（１９４６〜）

気を紛らすこと

パスカルが『パンセ』で、くどいくらい何度も語っている言葉。「われわれが本当に幸福だったら、人生の虚《むな》しさを考えることから気を紛《まぎ》らす必要はなかったであろう」という言葉に高校生のころ出会ったとき、まさに「そうだ！」と膝《ひざ》を打ちました。

みな人生の虚しさを誤魔化《ごまか》し、人生に何か意義があるかのように思《おも》い込《こ》もうとしていますが、それはウソです。そういう欺瞞的《ぎまんてき》人生を送らないために、虚しさを直視し考《かんが》え尽《つ》くしてやろうと決意し、哲学《てつがく》にのめり込みました。

それから六十年が経《た》ち、振《ふ》りかえってみますと、気を紛らさず、人生の虚しさをトコトン突《つ》きつめることって結構意義深いことですし、唯一《ゆいいつ》人生の虚しさから抜《ぬ》け出《だ》す方法だなあと確信しています。

七月十三日

浜《はま》村《むら》淳《じゅん》
パーソナリティー／映画評論家
（1935〜）

酒にするのか、タバコにするのか？

「酒にするのか、タバコにするのか？」と父は言います。高校入学の前夜でした。「なんのこと？」「どうせ、これからはないしょで酒もやるだろうし、タバコも吸う。一つは許す。二つは許さん。どちらかを取れ」。

僕は、とっさに答えました。「酒！　タバコは吸わん」。父は、どちらもやっていて体によくないことを知っていたのでしょう。その夜の約束以来五十二年、ぼくは一本のタバコも吸わなかったのです。

ラジオのナマ放送、毎朝二時間三十分を三十二年間続けて一日も休まなかったのは健康のおかげ。健康の原因は父との、あの約束にあったように思うのです。

七月十四日

柳家《やなぎや》小《こ》さん（五代目）

落語家（1915〜2002）

心の曲がった奴《やつ》は噺《はなし》家《か》になるな

私の師匠《ししょう》、四代目小さんは『心の曲がった奴は噺家になるな』と申しておりました。落語のなかに出てくる人物は皆《みな》善人ばかりです。泥棒《どろぼう》にしても悪人はおりませんですから、噺をする噺家の心が素直《すなお》でないといけない。ずるい奴はずるい噺になり、生意気な奴は生意気な噺になる。それが落語のなかに全部出てきます。だから落語を演ずる者は、心を正しくもて、ということです。料簡《りょうけん》はみな芸に出て来ます。私も弟子《でし》には師匠の教えを伝えております。芸は人なり。

七月十五日

高橋《たかはし》克彦《かつひこ》

作家（1947～）

恥《は》ずかしくて人に言えないことを書け

作文が大の苦手で、と言うより「話せば簡単なのに、なぜわざわざ文章にするの」と疑問を持っていた小学生の頃《ころ》、ロシア文学の研究者だった母方の叔父《おじ》が伝授してくれた一言。

古来から文章とは日常会話の記録ではなく、秘密に関《かか》わる大切なもの。友達にたやすく口にできないことを書きなさい、と。これで一気に開眼した。隠《かく》しておきたい秘密ならいくらでもあった。

以来、次々と文章コンクールに入選。この言葉なくして今の自分はない。

七月十六日

高《たか》嶋《しま》ちさ子《こ》

ヴァイオリニスト
（1968〜）

やめたいなら、
やめてもいい
ただ、
やめるその日までは
練習をやめるな

私が、大学進学を決める時期に、将来「ヴァイオリニストを目指し、音大に進むか、普通《ふつう》の大学生活を送るか」悩《なや》んでいたときにヴァイオリンの恩師・徳永二男《とくながつぎお》先生に言われた言葉です。

私を止めることもなく、「止まっている車と、走っている車どっちが速いか考えてみて？」と諭《さと》され、周りはストイックに練習をしていたのに、私はストイックに練習をしていなかったのにもかかわらず、ヴァイオリンをやめようとしたことに深く反省をしました。

それから心を入れ替《か》え、練習を大切にし、新たな気持ちで向き合い、ヴァイオリニストとしての今の自分があると思います。

七月十七日

古関《こせき》裕而《ゆうじ》

作曲家（1909〜1989）

作るのではなく、生む

この言葉は私の師、山田耕筰《やまだこうさく》先生がいつも「自分の創作上の信条はこれだ」といっておられた。真に名言で私も作曲の上で、この言葉を信条としている。

作曲は、こねまわして作り上げるのではなく、己《おの》れの胸中に湧《わ》き出たイメージ、すなわち旋律《せんりつ》を、ごく自然な型で生むことである。音楽には自然の流れがなくては美しいとは言えない。山田先生はまた「修練は一切を成就《じょうじゅ》させる」とも言われたがそのとおりで、修練を重ねた後に、はじめて美しい音楽は生まれるのである。

七月十八日

一龍斎貞水《いちりゅうさいていすい》（六代目）

講談師（1939〜2020）

小言は芸

昔の講談のお客様は、今よりずっと痛烈《つうれつ》だった。「こんなの聞いちゃいられないよ！」「お前、何年やってんだ！」……。

言われたこちらは、悔《くや》しくて仕方ない。それらの言葉が頭から離《はな》れず、絶《た》えず「どうしたら上手《うま》くできるか」と考え続けて、芸の最中でもその意識が働く。すると、あるとき突然《とつぜん》、ぱっと上手くできる。それが、誰《だれ》の真似《まね》でもない、自分が生み出した〝芸〟である。

褒《ほ》められるのは、たしかに嬉《うれ》しい。しかし、褒められすぎると変に舞《ま》い上《あ》がって、必ず仕損《しそん》ずる。本当に芸の肥やしとなるのは、お客様の温かい「小言」なのだ。

七月十九日

細《ほそ》川《かわ》護《もり》熙《ひろ》
第七十九代内閣総理大臣（１９３８〜）

一行も書かざる日なし

ベートーヴェンのモットーは「一行も書かざる日なし」だった。五十六歳《さい》で世を去ったベートーヴェンは二十代後半から難聴《なんちょう》になり絶望して遺書まで書くのだが、彼《かれ》は不屈《ふくつ》の精神で立ち上がり、有名な第五シンフォニー「運命」などを書きあげる。

歴史に残る偉大《いだい》な芸術作品は、いかなるものにせよ、天賦《てんぷ》の才だけからは生まれない。音楽家にとって決定的とも思われる悪条件の下《もと》でも、とにかく毎日必ず一行でも楽譜《がくふ》を書き続けたベートーヴェンの闘《たたか》いには頭が下がる。

七月二十日

田中一光《たなかいっこう》

グラフィックデザイナー
（1930～2002）

ふれあい

一期一会《いちごいちえ》というと、宿命的で深刻で、肩《かた》がこるが、ふと、どうしてこの人と、いまこんな風に過ごしているのかと考えると、人間の出合いというものの不思議さにつくづく考えさせられる。

僕《ぼく》たちは、仕事の上で合作、共存する機会が多く、他《ほか》の異なった個性との接触《せっしょく》から、作品形成上極《きわ》めて重要な要因を生むことがある。

感性というものは、それぞれに持って生まれたもので、またその人なりの伝統を抱合《ほうごう》しているので、異なった個性とのふれあいは、新しいものを創《つく》る上で常に大切にしなければならないと思っている。

七月二十一日

郡《ぐん》司《じ》正《まさ》勝《かつ》
早稲田大学名誉教授
（1913〜1998）

上手《じょうず》になるな

亡《な》くなった狂言師《きょうげんし》・野村万蔵《のむらまんぞう》さん（六世）が、よくいわれた言葉です。

名人の言葉として、深く反省して聴《き》くべき言だとおもいます。

だれでもが技芸の上達することを望まぬ者はありませんが、技術が先行して、心がおきざりにされてしまいがちな危険性を戒《いまし》められたものとおもわれます。

七月二十二日

吉田直哉《よしだなおや》

武蔵野美術大学教授（1931〜2008）

いもの葉の露《つゆ》を見ならえ

これは、出雲国松江《いずものくにまつえ》の伝説的な名工、小林如泥《こばやしじょでい》がのこした唯一《ゆいいつ》の言葉といわれるもので、石川淳《いしかわじゅん》が『諸国畸人《きじん》伝』の中に記録している。

茶人として名高い藩主松平不昧《はんしゅまつだいらふまい》公の道具をつくることによって、いわゆる不昧ごのみを創造したともいえる彼を、松江の人はいまもジョテイさんと呼んで敬愛しているという。

そして、この言葉である。

自在であれ。宇宙は一滴《いってき》の中にある。動の一瞬《いっしゅん》に学べ。

――とても書きつくせない。

七月二十三日

津《つ》島《しま》佑《ゆう》子《こ》

作家（1947〜2016）

毎日、迷いながら、その積み重ねで、今の自分がある

振《ふ》り返ってみると、いつでもその時の自分にとって一番身近なところで迷い、常識や見栄《みえ》や外聞に心を動かされながら、最後には、自分の本音に道を譲《ゆず》っている。迷いが大きければ大きいほど、自分の本音を知ることができる。それならば、やはり、迷い続けることのできる自分を、私はいつまでも持っていたいと思う。

七月二十四日

古山《ふるやま》高麗雄《こまお》
作家（1920〜2002）

性格は変えられないけれど

人は、自分を、ある程度は変えることができるでしょう。欠点を押《お》さえたり、長所を育てたり、つまり、世に言う「自分をみがく」ことはできるでしょう。しかし、根を変えることはできません。ネクラな人がネアカになったり、根が内気な人が、根が陽気な人に変わるなどということは、私には考えられません。

変容はあっても、変質はない。根が内気な人は、根が内気なまま、自分から明るいもの、陽気なものを引き出すことはできるでしょうし、そのようなことをしながら、人は生きて行くのです。しかし、「それなりに」という言葉が、これも一時テレビのコマーシャルから始まって流行語になりましたが、人に可能なことは、それなりの変容や工夫《くふう》であって、また、それなりに――自分なりに何かを求めるということが「生きる」ということなのではないでしょうか。

七月二十五日

上《うえ》野《の》千《ち》鶴《づ》子《こ》

社会学者
（1948〜）

親より先に死なないのが子のつとめ、立派につとめを果たされましたね

母を看取《みと》り、父を見送ったあと、たくさんの方にお悔《く》やみのことばをもらった。「おさみしいでしょう」「お力を落とされませんように」ということばは、長い介護《かいご》の末の身には響《ひび》かなかった。そのなかで、もっとも慰《なぐさ》められたのがこのことばである。つとめを果たした気分で心からほっとし、できれば他《ほか》の人にもこういうことばを言ってあげられる存在になりたい、と思った。

七月二十六日

金子《かね》《こ》兜太《とう》《た》
俳人
（1919〜2018）

無用の用

『荘子《そうし》・人間世《じんかんせい》』にある。

役に立たないといわれているものが、角度を変えると、意外とおもえるほどに役に立つことがある。

人間も同じで、役立たずがとんでもないときに役に立つことがあるものなのだ。わたしは「こころ」など一見無用のもの、しかしいざというとき、こんなに役に立つものはない、とおもっている。

無用のものにかえって用あり。

七月二十七日

中村《なかむら》メイコ（俳優 1934〜）

「キミに涙《なみだ》は似合いませんゾ」

赤《あか》ん坊《ぼう》の頃《ころ》から父は私にそうくりかえした。「どうして？」と、少し大きくなってから質問すると……、「かなりの美人なら涙もいいものですが……、キミくらいの器量の女の子はネ、いつもニコニコしていたまえ」と言った。

風のように私の中にその言葉は住みついて……、私の人生はなにやら、ニコニコ笑って流れていくようだ。亡《な》き父に感謝である。

七月二十八日

土屋賢二《つちやけんじ》

お茶の水女子大学名誉教授
（１９４４～）

トルティーヤがあれば何もいらない

テレビで見たメキシコ原住民の老人のことば。トルティーヤは、トウモロコシの粉を薄く焼いた食べ物。この老人は、毎食つけ合わせも味つけもなしでトルティーヤを食べている。

老人の発言は衝撃だった。その無欲さに比べれば、わたしは欲のかたまりだ。考えてみれば、次から次へほしいものを求めて駆けずり回る毎日だ。欲に目がくらんで、いかに多くのことを見逃していることか。自分の人生がひどく貧しく思えた。生き方の見直しを迫る一言だった。

七月二十九日

増《ます》井《い》光《みつ》子《こ》
東京都恩賜上野動物園元園長
（1937～2010）

啐《そっ》啄《たく》の情

卵からヒナがかえるとき、内からヒナが鳴きながら卵殻《らんかく》を割ろうとつつき（啐《そっ》）、外からは親鳥がヒナが出るのを助けようとつつく（啄《たく》）ところから、両者の機運が相応ずる意に用いられる。

この言葉は私が東京都井《い》の頭《かしら》自然文化園管理事務所長をしていたときに教わった。動物に端《たん》を発した言葉だけに、動物園人にぴったりだと思った。

以来、事に当たるとき、この親子の鳥のように、まさに時機を得た適切な対応ができるように、と心《こころ》掛《が》けている。

七月三十日

向《む》笠《かさ》千《ち》恵《え》子《こ》

フードジャーナリスト／エッセイスト

おまえさんは、笑った顔がいいね

少女時代、女流長唄《ながうた》の人間国宝、杵屋佐登代《きねやさとよ》に習っていたが、褒《ほ》められたのはたった一度。稽古《けいこ》のあと、「おまえさんは、笑った顔がいいね」と言われたのだ。うれしくて思いきりにっこりしてしまった。

それ以来、ずっと笑顔に自信がもて、ここぞというときには自然に笑《え》みがこぼれるようになった。ほほえめば人間関係がうまくいき、仕事もなめらかになる。笑顔が身を助けてくれた。

でも、最近、おっしょさんが芸についてはちっとも褒めていなかったことにようやく気づいた。

七月三十一日

内《うつ》海《み》桂《けい》子《こ》
漫才師
（1922～2020）

安定の座に居《い》座《すわ》るは衰《すい》退《たい》の一歩なり

芸人は常に世の中の流れをつかみ、しかし、闘《たたか》っていかなくてはなりません。

特に漫才師《まんざいし》は、その時勢の動きを敏感《びんかん》にとらえて、舞台《ぶたい》にかけていくことが使命であると考えます。かといって新しいことばかりを追っていてはダメで、古いことや歴史のあることをいろいろと織り交ぜていくことも肝心《かんじん》です。

それが、八十歳《さい》を過ぎてやっていかなくてはならない責任と考えています。常にこの言葉を肝《きも》に銘《めい》じつつ。

八月

一日　瀬戸内寂聴　作家／尼僧
二日　半藤一利　作家
三日　ひろさちや　仏教思想家
四日　阿木燿子　作詞家
五日　津川雅彦　俳優
六日　海原純子　心療内科医
七日　水野彌一　京都大学アメリカンフットボール部元監督
八日　三浦光世　（公財）三浦綾子記念文化財団元理事長
九日　藤田紘一郎　東京医科歯科大学名誉教授
十日　北村総一朗　俳優
十一日　笹本恒子　フォトジャーナリスト
十二日　海老一染之助　太神楽曲芸師
十三日　フランソワーズ・モレシャン　ファッションエッセイスト
十四日　末舛恵一　国立がんセンター元名誉総長／東京都済生会中央病院元名誉院長
十五日　上坂冬子　ノンフィクション作家／評論家
十六日　竹田青嗣　哲学者
十七日　黒岩彰　専修大学スピードスケート部監督
十八日　荻野アンナ　慶應義塾大学名誉教授
十九日　武光誠　歴史学者／歴史哲学者／元・明治学院大学教授
二十日　月亭八方　落語家
二十一日　新藤兼人　映画監督
二十二日　西原廉太　立教大学総長
二十三日　武田昭英　前・本願寺執行長
二十四日　田丸美寿々　ニュース・キャスター
二十五日　市田ひろみ　服飾評論家
二十六日　伊東豊雄　建築家
二十七日　家田荘子　作家／僧侶
二十八日　高城修三　作家
二十九日　咲村観　作家
三十日　司修　画家
三十一日　葉室麟　小説家

八月一日

瀬戸内寂聴《せとうちじゃくちょう》

作家／尼僧（1922〜2021）

この道でよかったと最期《さいご》に思えるよう今日一日をよく生きたい

人生には、辛《つら》いことや悲しいことがたくさんあります。自分の力ではどうしようもない理不尽《りふじん》なことだっておこるでしょう。

でも、たとえどんなことがあっても、そこで投げ出したり、自暴自棄《じぼうじき》になったりしてはなりません。人生は、いくらでもやり直しがきくのですから。

今の世はたまたま景気が悪くて、職を失ったりする人も多いでしょう。一生懸命《けんめい》に会社に尽《つ》くしてきたのに、ある日突然《とつぜん》リストラを受ける人もいると聞きます。ほんとうにやりきれないことです。

でも、だからといって「もう人生は終わりだ」などと悲観することはありません。

■人生は何歳からでもやり直せる

人はどうして絶望してしまうのでしょう。それは、一つのことに執着《しゅうじゃく》してしまうからではないでしょうか。会社に執着し、今までやってきた仕事に執着する。自分にはこれしかないと思《おも》い込《こ》み、必死になってしがみつこうとする。だから苦しむのです。

もっと視野を広げれば、世の中には違《ちが》う生き方や仕事がたくさんあるものですよ。

私が幼稚園《ようちえん》に通っていた頃《ころ》のことです。もう八十年以上も昔の話になりますね。日本は今よりももっと深刻な不況《ふきょう》に見舞《みま》われていました。私の父親は職人で、小さいながらもお店を出していました。十人ほどの弟子《でし》をかかえ、順調な商《あきな》いをやっていました。

ところが、景気の悪化で商売はたちまち左前になり、おまけに親戚《しんせき》の借金を肩代《かたが》わりさせられる羽目《はめ》になりました。店も家財道具も全て取られ、弟子たちは解散。今で言うところの自己破産の一歩手前にまでなりました。

当時、なぜか小鳥を飼《か》うことが流行《はや》っていました。十姉妹《じゅうしまつ》やカナリアといった小鳥を皆《みな》がこぞって飼っていたのです。仕事がなかった父は、暇《ひま》つぶしに鳥かごを作りました。餌《えさ》をやるときにも、小鳥が逃げない仕掛《しか》けを施《ほどこ》した鳥かごです。手先の器用だった父にしてみれば、造作もないことでした。

ところがこの鳥かごが評判になり、飛ぶように売れたのです。あまりに売れるものだから、とうとう我が家《わがや》は小鳥屋さんになってしまいました。おかげで借金を返すことができ、私も学校に行かせてもらうことができた。もしもあのとき、父がそれまでの仕事に執着していたら、家庭はどうなっていたかわかりません。

今、大学を卒業しても就職できない若者が増えているようです。社会全体に余裕がないという、不運な巡《めぐ》り合わせもあるでしょう。

でもね、どんな仕事でも、やろうと覚悟《かくご》すれば、働く場所はきっとあるはず。金融《きんゆう》関係にしか行きたくない。広告の仕事しかやりたくない。そう言って、たった一つのことに執着していないでしょうか。

自分を求めてくれる場所で、まずは一生懸命に働いてみる。そしてどうしても合わないと思ったときに、方向転換《てんかん》をすればいいのです。少しくらい回り道をしても、人生は長いのですから。

結婚《けっこん》だって同じことです。どちらかがもうダメだと思ったら、別れたほうがいいと私は思います。お互《たが》いに無理をして一緒《いっしょ》に居るよりも、新しい生活を始めたほうがいい。縁《えん》があればまた一緒になればいいし、なければ別々の人生を歩めばいいのです。大切なことは、どうすればお互いが幸せな道を歩めるのかを考えることです。

人生って、そんなに我慢《がまん》ばかりする場所ではありません。ひたすら我慢して、それでも後になって良かったなと思えるような経験は、実はとても少ないもの。私は八十八年間生きてきて、そのことを実感しています。一つのことだけに執着せず、自分を殺してまで我慢しないこと。人生は、何歳《さい》からでもやり直せるのですから。

幸せも不幸せも、永遠には続かない

不思議なことに、不幸というものは束《たば》になってやってきます。怪我《けが》や病気が重なったり、家族が相次いで倒《たお》れたり……。

人生を振《ふ》り返《かえ》ってみると、誰《だれ》もがそんな時期を経験しているのではないでしょうか。一つだけでも大変な出来事が、いくつも重なって起きてしまう。この世には神も仏もいないのかと、打ちひしがれることもあります。

でも同じように、幸せもまた束になってやってくるものです。嬉《うれ》しいことや喜ばしいことが、次々と身の回りで起こることがあります。少しずつやってきてくれればいいものの、幸せもまた、まとまって訪《おとず》れたりする。

ほんとうに人生の巡り合わせとは不思議なものです。でも、一つだけ言えることは、幸せも不幸せもいつまでも続かないということです。

「無常」という仏教の言葉があります。この言葉を、私は「常《つね》ならず」という意味に解釈《かいしゃく》していきます。世の中のことは、全て移り変わっていくもの。一つのところに留《とど》まっていることはないのです。

どんなに不幸な状態がやってきても、その不幸が果てしなく続くことはありません。必ずいつの日にか、終わりが訪れる。そして、誰のもとにも幸せは必ずやってきます。

梅雨《つゆ》の時期に雨が降り続いても、やがては夏がやってくるように。そして、どんなに暑い夏も、盛《さか》りを過ぎれば涼《すず》しい秋風が吹《ふ》いてくるように。幸せや不幸せもこれと同じ。必ずや変わり目が訪れるものです。

自分だけが苦しんでいると思うから辛いのです。この苦しみが永遠に続くと思うから辛いのです。苦しみや喜びは、誰のもとにも訪れます。あなた一人だけにやってくるものではありません。そしてまた、永遠に続くものでもありません。

仏教には、じっと辛抱《しんぼう》するという意味の「堪忍《かんにん》」という言葉があります。

物事がうまく運ばないときは、下手《へた》にもがかず、じっと耐《た》え抜《ぬ》くことです。人の世は常ならぬもの。時の変わり目をじっと待つことです。

理不尽な苦しみは人生の中にたくさんあります。かけがえのない人を亡《な》くせば、胸をかきむしられるような悲しみに襲《おそ》われます。時には生きていくことさえ無意味に思えてくるかもしれません。

でも、その悲しみは永遠に続くものでは決してない。京都では「日《ひ》にち薬《ぐすり》」と言われるように、時間が苦しみや悲しみをほぐしてくれます。少しずつ、時が心を癒《いや》してくれる。だから人間は生きていけるのです。

あなたにとっての幸せとは何かを考える

幸せのかたちが見えにくい時代なのかもしれません。一昔前までは、生きていけるだけの食べ物があればそれでよかった。冬は少し暖かく、夏はちょっと涼しく過ごせれば、それで充分に幸せでした。

ところが今は、ただ衣食住が満たされるだけでは満足できません。その理由はきっと、無数の情報が溢《あふ》れているからではないでしょうか。

幸せそうに見えるさまざまな情報。その情報を知ってしまうと、つい自分と他人を比べてしまう。妬《ねた》んだり、羨《うらや》んだりして、身の丈《たけ》以上のものを手に入れようとしてしまう。そして、願望が満たされなければ、自分は不幸なのだと思ってしまうのです。

もっと、自分の感性を信じることです。あなたは、ほんとうは何がしたいのでしょうか。何が好きなのでしょうか。他人に振り回されることなく、自分自身の心の声に耳を傾《かたむ》けることです。溢れんばかりの情報から、自分にほんとうに必要なものを見極《みきわ》める術《すべ》を身につけることです。

世の中には、知らなくてもいいこと、知らないほうが幸せなことがたくさんあるものです。

まだまだ世界には、不要な情報に惑《まど》わされずに暮らしている人たちがいます。パソコンもテレビもなく、毎日の畑仕事に精を出している。作物ができれば喜び、食べられることに日々感謝をしている。贅《ぜい》沢《たく》なものを食べることもなく、ショッピングに出掛《でか》ける楽しみもない。そんな彼らの生活を、あなたは不幸だと思いますか。私はそうは思いません。

自分にとっての幸せ。それをもう一度考えてみることです。まわりに流されることなく、あなた自身が幸せになれる道を探してください。今からでも決して遅《おそ》くはありません。人生はいくらでもやり直せるし、世の中は常に移り変わっているのですから。

八月二日

半藤一利《はんどうかずとし》
作家
(1930〜2021)

鐘は一つだが、音はどうとも聞かれる

もう二十年も前のことになるか、祇園精舎《ぎおんしょうじゃ》の無常院《むじょういん》の鐘の音、すなわち、黄鐘調《こうしょうちょう》の音《ね》をだすのが、京都・花園の妙心寺《みょうしんじ》と聞いてわざわざ訪ねたことがある。ゴーン　なるほど、これが無常の響きなるかと感心したら、坊《ぼ》んさんがいった。

「なに、無常の音？　そんなもんは文学や。あらへん。聞くもんの勝手や」

とたんに、夏目漱石《なつめそうせき》『草枕《くさまくら》』の中のこの一節を思い出した。音は聞きよでどうとも聞こえる。〝絶対〟というものは、現実にありはしない。坊んさんの言は真理をついていた。

八月三日

ひろさちや

仏教思想家（1936〜2022）

娑《しゃ》婆《ば》世界に遊ぶ

『観《かん》音《のん》経《きょう》』

《世界はすべてお芝居《しばい》だ。男と女、とりどりに、すべて役者にすぎぬのだ》

シェークスピアは『お気に召《め》すまま』の中でそう言っている。仏教経典の『観音経』も、観音さまがさまざまな姿になって極楽《ごくらく》世界からこの娑婆世界に遊びに来ておられると言っている。

そうなんだ、われわれはみんな観音さまであり、この世で芝居をしているのだ。だから、自分に与《あた》えられた役割を、しっかりと果たせばいい。わたしはそう考えている。

八月四日

阿《あ》木《き》燿《よう》子《こ》
作詞家

大人《おとな》の女性になって、おめでとう

手紙や葉書以上に、バースディカードに文字を書き添《そ》える時には気を遣う。空間を埋《う》め過ぎるのは野暮《やぼ》だし、プリントされた文字だけというのも素《そ》っ気《け》ない。

三十歳《さい》の誕生日《たんじょうび》に、ある男性からカードをいただいた。そこには「大人の女性になって、おめでとう」と書かれてあった。

とても嬉《うれ》しかった。素敵《すてき》な三十代を迎《むか》えられそうな予感に胸が震《ふる》えた。

誕生日には、祝福に満ちた言葉を贈《おく》るのがいい。今でもその言葉は、私の心の中で生きている。

八月五日

津《つ》川《がわ》雅《まさ》彦《ひこ》
俳優
（1940〜2018）

起こったことはすべて正しい

娘《むすめ》が生後五カ月のとき、誘拐《ゆうかい》される不運にあった。親の責任の在り方は最悪の結果を覚悟《かくご》することであり、それのみが、最善の結果をもたらす運を取り戻《もど》す手段だと悟《さと》ることが出来た。

結果！ 娘の無事帰還《きかん》という、信じられないような幸運がもたらされた。

波乱万丈《はらんばんじょう》の人生において、不幸や災難に遭遇《そうぐう》したときは、まず最悪を覚悟することで、不思議にも最善の結果を得ることが出来ている。

以来、何事が起こっても、「起こったことはすべて正しい」ことにするために、最悪の結果を覚悟するエネルギーを持つことを座右《ざゆう》の銘《めい》にしている。

八月六日

海原《うみはら》純子《じゅんこ》
心療内科医

苦悩《くのう》は
活動への拍車《はくしゃ》である
そしてわれわれは、
活動のなかに
生命を感ずる

(カント)

この言葉をみつけたトルストイの『文読《ふみよ》む月日』は私の宝物です。悩《なや》んだとき、苦しいとき、この本、トルストイが選んだ言葉の数々を読むと心の落ちつきがとり戻《もど》せたものです。

大切な言葉にはマークをして時折読むようにしていますが、そのなかで最も好きな一言がこのカントの言葉。

順境ばかりではない自分の人生のなかで、苦しいときはいつも自分のもてる力をできる限り総動員し精進《しょうじん》する。それをモットーにしています。

八月七日

水野《みずの》彌《や》一《いち》

京都大学アメリカンフットボール部元監督

水は方円の器《うつわ》に従う

近年、社会の変化は激しく、新しい発想が求められ、時に固定観念はその妨《さまた》げとなることも多い。

その場、その時、その人によって臨機応変、個性を活《い》かす。縛《しば》られることも少ない分、支えてくれるものも少ない。自由ということは、全《すべ》て自分次第ということである。水がどんな器の中でも水であるように、人も社会という器の変化に左右されず、人としての本質を見失ってはならない。

知識を身につけることにとどまらず、どんな人間になるか、自らを見極《みきわ》め、高めることが、より一層求められる。

八月八日

三《み》浦《うら》光《みつ》世《よ》
(公財)三浦綾子記念文化財団元理事長
(1924〜2014)

希望は失望に終わらない

新約聖書の言葉である。私は特にこの言葉に力を得た。幼少から体の弱かった私は、十六歳《さい》のとき、腎臓結核《じんぞうけっかく》のため、右腎臓の摘出《てきしゅつ》手術を受けた。その数年後、後遺症《こういしょう》の膀胱《ぼうこう》結核の悪化で拷問《ごうもん》のごとき苦痛を体験した。こんなに苦しむよりは……と自殺を思い図《はか》ったこともある。

が、右の言葉に私は大いなる希望が与《あた》えられ、八十五歳の今日まで生きてくることができた。人間いかなるときも希望を持つこと。

八月九日

藤田《ふじた》紘一郎《こういちろう》
東京医科歯科大学名誉教授（1939〜2021）

からだの中を仏が通る。生きているものは皆意味がある。

NHKの河合《かわい》鋭久《としひさ》ディレクターは、ラジオ深夜便の『人生読本・こころの時代』を担当しておられる。この言葉は河合さんが私とのトーク番組のテーマとして選んだものだ。

昔の日本人は自然にやさしく、生きものを大切にしていた。「山川《さんせん》草木《そうもく》国土《こくど》悉皆《しっかい》成仏《じょうぶつ》」という仏教の思想に似た自然観を日本人は昔から持っていた。ところが、最近の日本人はその自然観を捨て、何でも人間中心の考え方に傾倒している。体の中の回虫も大腸菌も、それぞれ意味があるのだ。

八月十日

北村《きたむら》総一朗《そういちろう》
俳優
（1935～）

過ぎたるは猶《なお》及《およ》ばざるが如《ごと》し

この孔子《こうし》の言葉は、五十四歳《さい》の若さで世を去った俳優・小池朝雄《こいけあさお》氏から、当時根拠《こんきょ》のない自信と幻想《げんそう》にすがりついていた私への、愛ある忠告でした。

今この言葉の深遠さに戸惑《とまど》い、この「過ぎたる」ものの正体の多面性に驚《おどろ》き、あらためて問い直しています。

それは、俳優の独《ひと》りよがりの過剰《かじょう》な演技にあるのか、逆に現代感覚を欠いた伝統的な旧態依然《きゅうたいいぜん》とした芝居《しばい》づくりにあるのか。はたまた、あまりにも自由すぎて真の自由のありがたさを見失いつつある現代人の姿なのか、思いはつきないのです。

笹《ささ》本《もと》恒《つね》子《こ》

フォトジャーナリスト（1914〜2022）

あなたを信じている

私にとって、これほど、身に沁《し》みた一言があったろうか。十代のある日、私宛《あ》ての男性名の封書《ふうしょ》が、机の上に置かれていた。

私は、かつての友人の家の場合を思い出して、

「お母《かあ》さん、心配じゃない、開けてみなくては？」

と、言いつつ、フト、母の顔を見た。

「なんて、情無いことを。私はあなたを信じているから、そんなことはしませんよ」と、キッと見つめられた母の表情に、私は自らを羞《は》じた。信じている、という言葉の重さは、大きい。

八月十二日

海老《えび》一《いち》染《そめ》之《の》助《すけ》

太神楽曲芸師（1934〜2017）

落とすたびにうまくなるんだよ

私が十一歳、兄の染太郎《そめたろう》が十三歳のとき、父のすすめで太神楽《だいかぐら》の海老蔵《えびぞう》師匠へ入門させていただきました。初めて見る曲芸。茶碗《ちゃわん》を積んで顔に立てたり、ナイフを投げたり。幼い私は何回やっても失敗ばかり……。そのようなとき、師匠はニコニコして「落とすたびにうまくなるんだよ」と言ってくださいました。

六十年の芸能活動において困難に出会ってもくじけず乗りこえられたのは、この言葉のおかげだと感謝しています。

八月十三日

フランソワーズ・モレシャン

ファッションエッセイスト

実るほど頭《こうべ》を垂れる稲《いな》穂《ほ》かな

フランス語のエレガンスという言葉を使うと、日本では誤解が生じるようです。《エレガンス＝お上品》と思われてしまうからです。エレガンスとは、もっと謙虚《けんきょ》で慎《つつし》み深い優雅《ゆうが》さという意味なのですが。

そんなとき、私は補足する意味で、この言葉をあげます。エレガンスがフランスの美徳ならば、日本の美徳はこの言葉にあると思います。

二つの美徳がある限り、私はフランス人として日本に住み続けます。少し残念なのは、フランスも日本も美徳を守れば守るほど損をしてしまう世の中になりつつあること……。

八月十四日

末《すえ》舛《ます》恵《けい》一《いち》

国立がんセンター元名誉総長／東京都済生会中央病院元名誉院長
（１９２６〜２０１５）

知らないことを人に訊《き》くのを恥《はじ》と思うな

ある博物館を仲間と訪ねたときのこと。案内の方が、「次にリンネを見ていただきましょう」と言われた。

「リンネ？　何だろう、輪廻《りんね》って？」

疑問に思った私は、思い切って手を挙げ、それは何かを訊《たず》ねた。私は、有名なスウェーデンの生物学者リンネを知らなかったのである。しかし、そのとき、勇を鼓《こ》して質問して本当に良かったと、今では思っている。

これは恩師・石川七郎《いしかわしちろう》先生の教えに倣《なら》ったものである。

「知らないことは恥ではない。訊かないことこそが恥である」

私もそう思っている。

八月十五日

上坂《かみさか》冬子《ふゆこ》
ノンフィクション作家／評論家
（1930〜2009）

悲しんでばかりもいなかった

NHKテレビで脚本家《きゃくほんか》の市川森一《いちかわしんいち》さんが故郷《ふるさと》の諫早《いさはや》を訪ねた様子が映し出された。

少年時代に彼《かれ》は三つ年下の妹と、結核《けっかく》で入院中の母親の見舞《みま》いに長崎にいったことを語っていたが、帰りに病棟《びょうとう》を見上げると母親は兄妹めがけて窓からリンゴを投げて笑ったという。

彼は、母親が療養《りょうよう》の日々を悲しんでばかりもいなかったような気がするとしめくくっていた。

人間には天性の生命力がある。人は不運の中で悲しんでばかりもいない、とは何と重大な視点であろう。

八月十六日

竹田青嗣《たけだせいじ》

哲学者（1947〜）

この世の生において、おまえの肉体は力つきぬのに、そのなかで魂《たましい》のほうがさきに力つきるとは、恥《は》ずべきことである

（マルクス・アウレリウス『自省録』）

ここには、魂への配慮《はいりょ》こそ人間の最大のテーマだと説いたソクラテスの教えが響《ひび》いている。

魂に配慮する生き物は人間だけだから人間は偉《えら》い、と思うのは早計だ。哲学《てつがく》的には、青年期に「自我《じが》理想」を求めるのは、若者の自己価値欲望に発する。他人より多少能力があれば立派な人間たろうとし、劣等感《れっとうかん》があるとルサンチマンを発する。それが人間の自然にすぎない。

それでもなお、人間が魂を配慮すべき理由があるだろうか？　優《すぐ》れた哲学や文学は、いつもそう問うている。

八月十七日

黒《くろ》岩《いわ》彰《あきら》

専修大学スピードスケート部監督

（1961〜）

無言の助言

ずっと指導していただいていた、恩師とも言うべき前島孝監督《かんとく》のその日の言葉が、今も心に残っている。思えばサラエボの敗北以降、初めて交《か》わした言葉だった。

「これまで、どんな言葉をかけても無駄《むだ》だと思って、何も言わなかった。この問題は彰自身が解決するしかない問題なんだ」

監督も、苦しかったのだと思う。

あの敗北に対して、監督として私以上に苦しみ悩《なや》んでおられたのかもしれない。そして、挫折《ざせつ》し傷ついた心をいやし、立ち直らせるのは本人以外にはなく、周りの人間がどうすることも出来ないのを知っておられたのかも知れない。多くの選手を指導する立場に、今、立ってみて、そのことが痛い程《ほど》よく分かる。それはまさに、「無言の助言」だったのだ。

八月十八日

荻《おぎ》野《の》アンナ

慶應義塾大学名誉教授（1956〜）

良心のない知識は痴《ち》識《しき》だ

フランソワ・ラブレーは、フランス十六世紀の作家です。彼《かれ》の『パンタグリュエル物語』（一五三二年）は、巨《きょ》人《じん》を主人公にした破天荒《はてんこう》な笑いの文学で、同時に人生の深い知恵《ちえ》を随所《ずいしょ》に散りばめています。

オウム真理教が事件を起こした際、思い浮《う》かんだのがこの言葉です。高学歴の信者の存在が話題となりましたが、まさに良心のない知識の輩《やから》だったのでしょう。「痴識」に振《ふ》り回《まわ》されずに、地道に生きていきたいものです。

八月十九日

武光《たけみつ》 誠《まこと》

歴史学者／歴史哲学者／元・明治学院大学教授（1950〜）

我すでに人をうらやむときは、人また我をうらやむ

『十七条憲法』の中の、聖徳太子《しょうとくたいし》の言葉である。これは「十四に曰《いわ》く」とした、「嫉妬《しっと》有るなかれ」という教えの中に出てくる。私は前々からそれは太子の十七条の教えの中で、最も大事なものだと考えている。

太子は、「嫉妬」という漢語を「嫉《うらや》み妬《ねた》むこと」と訓《よ》ませている。等身大の自分を認め受け入れず、他者の自分にないものを羨《うらや》むのは嫉妬のもとだ。

隣《となり》の芝生《しばふ》は青い。他者と自分を較《くら》べて羨む前に、よりよい自分になれるよう努めるほうが、精神的にも楽だし、人《ひと》柄《がら》にも顕《あらわ》れるものだ。

八月二十日

月亭《つきてい》八方《はっぽう》

落語家
（1948〜）

ありがとう言えるよな
最後であればいい
お前にも子供にも
すべての人たちに

芸歴五十年を迎《むか》えた頃《ころ》、たまたま見ていた番組で吉幾三《よしいくぞう》さんの「ありがとうの唄《うた》」を耳にし、心にズシンと響《ひび》いた。

これや、と。これまでの人生、「ありがとう」と散々言ってきたが、本当の、心からの「ありがとう」はまだ言えていない。言いたい。でもまだ言いたくない。こんな男をよう親にさせてくれたな、よう亭主《ていしゅ》にしてくれたな、ありがとう。僕《ぼく》にとって憧《あこが》れの言葉だ。人生の最期《さいご》を幸せに、この言葉で締《し》めくくらせてほしい。くれぐれも、はよ逝《い》け！　などと言われぬように……。

八月二十一日

新藤《しんどう》兼人《かねと》

映画監督（1912〜2012）

完全なる没入《ぼつにゅう》

一本の映画は四十日から六十日の日数で出来る。たった四十日か六十日だ、永い人生の四十日か、六十日だ、われを忘れて自分を投入しろ。投入したかどうかを確かめるのは疲労《ひろう》を確かめることしかない、夕方になったら眠《ねむ》くなるぐらい疲労しろ、それが投入したことの証拠だと。たとえば、撮影《さつえい》現場の草を刈《か》らなければならないものは、草を撮影可能な状況《じょうきょう》に刈ることが、映画創造につながっているんだ、と説き、要求してきた。草を刈ることで完全に疲労しなさいといった。草を刈ることに自分を燃やし尽《つ》くすことが出来れば、そのとき、何ものかに出会うのである。大げさにいえばそこで映像の神に出会うのである。さらにいいかえれば自分自身に出会うのである。

八月二十二日

西《にし》原《はら》廉《れん》太《た》
立教大学総長（1962〜）

仕えられるためではなく、仕えるために

これはイエス・キリストのマタイによる福音書《ふくいんしょ》に記された言葉です。「あなたがたの中で偉《えら》くなりたい者は、皆《みな》に仕える者になり、いちばん上になりたい者は、皆の僕《しもべ》になりなさい」という教えの後に語られます。

齢《よわい》を重ねるにつれて、誰《だれ》しもが出世し、さらに高い地位を願うものです。けれども、イエスによれば、「偉く」なるとは、逆に低みへと降りていき、徹底《てってい》して他者に仕えることであると言うのです。

上に立つということは、どんどん低いところで皆に仕えることである。この「逆説」を常に忘れないでいたいと思うのです。

八月二十三日

武田《たけだ》昭英《しょうえい》

前・本願寺執行長

ようこそ　この命　有《あ》り難《がと》う

長寿《ちょうじゅ》社会となり介護《かいご》や孤独死《こどくし》が大きな社会問題となった。さらにコロナ禍《か》によって社会が分断、家庭さえもが断裂《だんれつ》した。

そんな中、反出生主義《はんしゅっしょうしゅぎ》という思想が広がっているという。生まれてこなければ良かった。生まれてこなければ、生きる苦しみや悩《なや》み、老々介護、死への恐怖《きょうふ》、病や人との争いなど無縁《むえん》であり、戦争や環境破壊《かんきょうはかい》もない、という考えだ。

仏法はこの現実の真《ま》っ只中《ただなか》で「ようこそ　この命　有り難う」と言える身となろうと説いている。

田《た》丸《まる》美《み》寿《す》々《ず》 ニュース・キャスター（1952〜）

真《しん》剣《けん》勝負

思うに人と人との触《ふ》れ合いはいつも戸惑《とまど》いが伴《ともな》う。だからといって拒絶《きょぜつ》してしまうにはあまりにもったいないし、相手に合わせようと躍起《やっき》になればむしろ無節操である。

どんな戸惑いの中でも、自分の立場を見きわめ、今とれる最も誠実な態度で人と触れ合う真剣勝負をしていくしかないように思う。それがあらぬ誤解を招いたにしても、いつかは解けると信じるしかない。戸惑い続けて自分を縛《しば》るのは、私の性分《しょうぶん》には合わないようである。

八月二十五日

市田《いちだ》ひろみ

服飾評論家（1932〜2022）

身体《しんたい》髪膚《はっぷ》之《これ》を父母に受く敢《あえ》て毀傷《きしょう》せざるは孝の始めなり

私の両親は、明治の人で、くらしの中に時として、論語や孝経《こうきょう》のまじることがあった。

おてんばな私はよく怪我《けが》をした。怪我する度《たび》に、「赤チンキ」をぬりながら同じことを言っていた。

「怪我したんはあんたやけど、親も痛い思いしてるのえ」

そのときは反省するものの、親を何回心配させたものか。大した親孝行もしないままに、親は逝《い》ってしまった。

自分の身を傷つけないことこそ、親孝行だ。

八月二十六日

伊《い》東《とう》豊《とよ》雄《お》

建築家（1941〜）

ゆく河の流れは絶えずして、しかも、もとの水にあらず

（鴨長明《かものちょうめい》）

これほど、日本人の心に深く沁《し》み込《こ》んでいる言葉はないだろう。世のなかに確かなものはなにもない。すべてが移ろい、日々変化している。

建築は、一度建てたら百年も同じ姿のままであり続けるかもしれない。しかし、すばらしい建築は自然のなかに溶《と》け込んで、すべての生命体と同じように脈々と息づいている。自然に祝福される自然の部分としての建築、そんな建築をつくりたいと願っている。

八月二十七日

家田《いえだ》荘子《しょうこ》
作家／僧侶

禿《かぶろ》なる樹《き》、定《さだ》んで禿なるに非《あら》ず

弘法大師空海《こうぼうたいしくうかい》の言葉です。枯《か》れたように見える冬の木も、季節が来れば葉をつけ花を咲《さ》かせます。諦《あきら》めず、努力を続けましょうという意味です。

私は派手《はで》な服装を好むので、よく誤解を受けるのですが、実は努力努力の地味な日々を積み重ねて来ました。我《が》慢《まん》強い性格でも、結果が出ないと挫《くじ》けそうになること度々《たびたび》です。そういう時、この言葉が私を支えてくれました。弱者に光を当てるための取材、心痛い人を救うためのお寺——まだまだ途上《とじょう》です。

八月二十八日

高城《たき》修三《しゅうぞう》
作家（1947〜）

人生のある時期、何かに病みつきになることが、しばしばある

何かに強く惹《ひ》かれ、夢中になってしまうのは、そこに本当の自分を見出《みいだ》しているからだと思う。単におもしろかったから夢中になったにすぎない、と言うかも知れない。だが、当初は気づかなかったとしても、時がたってみれば、夢中になったとき、無意識のうちに本当の自分を探し当てていたのだと気づくにちがいない。

八月二十九日

咲《さき》村《むら》観《かん》
（作家　１９３０〜１９８８）

人と仲よくし、好かれる人物になる

対人関係は本来難しいもので、魅力《みりょく》ある人物になることは、至難な業《わざ》である。不断の努力が大切なわけだが、ただ、そう深刻に考えずに、人と仲よくし、好かれる人物になる、この心がけだけで、充分《じゅうぶん》なのではないかと、わたくしは考えている。

〝魅力〟を構成する要素は、さまざまだが、それらをすべて備えることは、不可能なこと。それより欠点を暴露《ばくろ》しつつも、人間関係をおだやかに捉《とら》える姿勢こそ、大切なのではなかろうか。

八月三十日

司《つかさ》 修《おさむ》

画家（1936〜）

"友だち"というのは特別な関係ではない

「友だちが欲《ほ》しい」なんて思うことがどだい間違《まちが》いである。友がいなければいないなりの人生を見つけ、堂々と生きていればいいではないか。そうすることが友を自然に持つことになる。友だちがいない悩《なや》みを持つというのは、自らが友であることを放棄《ほうき》しているのだ。たとえば、身近に、自分を誰《だれ》よりも大事にしてくれる人がいないと悩むのであれば、視野が一ミリ程度になっているからで、少し広げて見れば、世界中に、もっと悲劇的に友を求めている人たちが沢山《たくさん》いるはずだ。困っている人を助けるのも友情というものだろう。それが出来れば友だちなんて腐《くさ》るほど出来るさ。

八月三十一日

葉《は》室《むろ》麟《りん》

小説家

（1951〜2017）

救わで止《や》まんじ

十一面観音菩薩《かんのんぼさつ》は、「一切《いっさい》のかよわき命すべてを救うまではこの身、菩薩界に戻《もど》らじ」という誓願《せいがん》を立て、人間界へ下りた菩薩だという。

すべての人が悟達《ごたつ》の境地にいたることはありえないだろう。だとすると十一面観音菩薩は未来永劫《えいごう》、菩薩界に戻らず、ひとを救い続けようとすることになる。

それは虚《むな》しいことか。いや、決して虚しくはない。「救わで止まんじ」という菩薩の心はすでにひとびとを救っている、とわたしは思う。

九月

一日 永守重信 日本電産㈱代表取締役会長兼最高経営責任者
二日 市川崑 映画監督
三日 加賀乙彦 作家
四日 藤本義一 作家
五日 小平桂一 天文学者
六日 岡本民夫 同志社大学名誉教授
七日 加藤幸子 作家
八日 藤原てい 作家
九日 永田和宏 歌人／細胞生物学者
十日 松原惇子 ノンフィクション作家
十一日 髙谷辰生 京都女子学園元理事長
十二日 石井好子 シャンソン歌手
十三日 生島ヒロシ フリーアナウンサー
十四日 奈良岡朋子 俳優
十五日 竹内宏 ㈱日本長期信用銀行常務取締役調査部長

十六日 太田治子 作家
十七日 木村梢 随筆家
十八日 黒岩重吾 作家
十九日 立原えりか 童話作家
二十日 鈴木義司 漫画家
二十一日 髙樹のぶ子 作家
二十二日 重兼芳子 作家
二十三日 藤原新也 写真家
二十四日 多湖輝 千葉大学教授／教育心理学
二十五日 増田れい子 エッセイスト
二十六日 萩原葉子 作家
二十七日 澤野久雄 作家
二十八日 吉岡忍 ノンフィクション作家
二十九日 林望 作家／国文学者
三十日 加藤秀俊 文部省放送教育開発センター所長

九月一日

自分の思いが伝わるまで千回でも言い続ける

永《なが》守《もり》重《しげ》信《のぶ》

日本電産㈱代表取締役会長兼最高経営責任者（1944〜）

優秀な部下がいなくてもリーダーが強ければ勝てる

会社というのは、トップが一人代わるだけで、大きく変わるものです。これまで計画目標の未達ばかりを繰り返していた組織が、トップが代わっただけで目標達成できるようになることはよくある話で、それだけ誰がトップとなるかは重要だということです。

小さな子供に「大将がオオカミで、四十九匹の隊員はすべて羊のチーム」と「大将が羊で、あとの四十九匹はオオカミのチーム」が戦ったときにどちらが勝つか聞いたら、きっと「オオカミが四十九匹いるチームが勝つに決まっている」と答えるのではないでしょうか。

しかし、私は違うと思う。私の経験からいえば、リーダーが強いほうが勝つ。だから、自分の部下にはろくな人材がいないとか、アホばかりと言っているリーダーがいたら、それは自分に指揮能力がないことを認めているようなものだと私は思います。リーダーがオオカミになって、四十九匹の羊をしっかりと指揮すればいいだけの話なのです。

日本電産の初期の頃がまさにそうで、将棋でいえば、「金」もなければ、「銀」もない。「桂馬」もない中、「歩」だけで前進していきました。

しかし、「歩」は、一歩ずつしか進めません。「飛車」や「角」のように大きく前進することはできない。それを「王将」である私が、後ろからぐいぐい押していったのです。それでも、敵陣まで進めば、「歩」は「金」になります。そうやって考えれば、まずはリーダーが強ければ勝てるということです。

かくいう私も以前は、最初から「金」とか「銀」の人材を集めたほうがいいと考えて、二〇〇〇年代頃に、世界的に有名な大学を卒業した人材をたくさん採用したことがあります。しかし、彼らは現場に行っても工場内を歩いて回らない。作業服にも着替えないで、いつも背広を着て歩いている。そういう人がたくさんいても社内が混乱するだけでよいことはないと私は感じたわけです。

それ以来、やはり強いリーダーを私自身で育てて、その人物に経営を任せるのが一番の近道だということがわかってきたのです。

リーダーの原点は「訴える力」にある

従業員が十人いるのか、百人いるのか、千人いるのかは別として、自分の思っていることを組織の上に立って訴えることができるかどうか――。これが、リーダーの原点であり、必須だと考えています。

日本には会社が約五百万社あるとされますが、九九％が中小企業です。それ以上大きくならないのは、「どういった志を持っているか」がまずもって影響しているのですが、志以上に「組織を大きくしていく力」、すなわち、訴える力が欠けていることが多いのではないでしょうか。

日本電産のグループ会社を見ても、訴える力のあるところは成長性が高いという特徴があります。訴える力があれば、聞いている社員が「これならやっていけるんじゃないか」「自分もがんばろう」という気持ちになります。

一方、訴える力がなければ、聞いているほうは「この人はまた口だけやな」「言っていることとやっていることが違うな」という気持ちになってしまう。それでは、訴える力どころか、逆に「口から出まかせ」になってしまい、何の効果もなくなってしまいます。つまり、訴える力というのは、求心力、人心掌握力なのです。相手の心に訴えるものでなければ、人が動くことはないでしょう。

部下を持たなくていい、一人でやっていきたいと考える人には、求心力は要《い》りません。しかし、一人でも部下を持つ場合は、必ず人の心を摑まなければならない。まず心に訴えて、それを頭で理解して、初めて行動に移せるようになる——。この順番が大切です。具体的にいえば、「ああ、この人の言っていることは実現可能だな」とか、「その通りだな」というように心に通じたあとに頭に上がってくる、そして頭で理解したあとで行動に移していくことになります。

会社を経営していると、毎日毎日違ったことが起きます。設計とか開発とかなら、一応は基本となる理論や理屈がありますが、経営にはそれがありません。

だからこそ、組織の上に立つ人には訴える力が必要なのです。理屈通りにいかないことであっても、訴える力を駆使して部下の心を動かさなければいけないのです。

■人に教えるときは「千回言行」

もし、あなたに部下が千人いたとして、どれだけの人が、あなたが伝えていることを本当の意味で「わかっている」でしょうか。本当の意味で「わかる」ためには、頭でわかっているだけでは十分ではありません。完全に腑に落ちて、実行できるところまでもっていけることが、本当の「わかる」であって、そこまで「わかる」人は、千人いても一人くらいではないでしょうか。

だからこそ、何度も伝えないといけないのです。

私はよく「人に教えるときには千回言行」と言いますが、人にわかってもらおうと思ったら、千回は言わないと伝わらないということです。

ただ、実際には、千回伝えているリーダーはほとんどいないでしょう。たいていは途中で放り出して、「こんな困ったやつは、もう辞めさせろ。言っても仕方がない」と諦めてしまう。本当は、千回繰り返せば、絶対に伝わるのを途中でやめてしまっているのです。

「一回言っただけでできる人」は天才であって、世の中にはそうそういるものではありません。秀才でも十回は言わないといけない。だから、一回しか言わないで、「なぜできないんだ！」と言うのは無理があるということです。

そして大事なのは、一回目のときも、二回目のときも、千回目のときも、初めて言ったように話すこと。

聞いているほうは、「この話はもう百回目だ」と思って聞いていたとしても、言っているほうは、「今日は初めてだぞ、この話は」という気持ちで話さなければなりません。

中には、「お言葉を返すようですが、先ほどから何やら初めてのようにお話をされていますが、もう百回聞きました」という人がいるかもしれません。もちろんそんなことはわかっています。でも、まだ千回に到達していないから、こちらは千回言うぞ、伝わるまで言うぞという気持ちで話しているのです。

京都の三十三間堂には「千手観音《せんじゅかんのん》坐《ざ》像《ぞう》」「千体千手観音立像《りゅうぞう》」という国宝があったり、比叡山延暦寺のお坊さんが「千日回峰行《せんにちかいほうぎょう》」を行なったりと、仏教の世界では千という数字がよく使われています。

そして、仏教の世界では、千回言ってもできない人は、あの世に行けと言うらしいのです。厳しい言い方をすれば、「あなたはこの世に生きている価値がないんですよ」ということを意味しているのでしょう。

これをビジネスに置き換えて考えるとどうなるでしょうか？

たとえば、私は返事があるまで同じ内容のメールをバンバン打ちます。そうすると、やっと返事が返ってくるわけですが、そこには「会長、パソコンの操作を誤っておられませんか？　同じ内容のメールがもう一週間続いて来ていますよ」と書いてある。「だったらなぜしっかりと対応しないんだ。返事が来るまで、私は打つんだ。千日続けて打って返事が来なかったら、君はクビだ」というわけです。

人間というのはたいていそうで、「おまえ、あのとき言ったじゃないか」「あのとき指示しただろう」と言ったところで、すぐにアクションを取って結果を出す人というのはごくわずかです。だから人の上に立つ人は、御用聞きになったつもりで、千回でも言い続けないといけません。

夢を語るのがリーダーの仕事

リーダーというのは、相手が大きな夢を描けるようなことを語らなければならないと私は思っています。政治家も先生も上司も夢を語らない。そればかりか、「このままでは大変なことになる」といった暗い話しかしないのはなぜなのでしょうか。

そうではなく、コロナ禍だったら、「もうコロナの対応策はわかった。万全の対策を施すから、工場を稼働させよう。大学の講義を再開しよう」と、決めていくのがリーダーの仕事です。新入社員に対してであれば、「二十年後、君たちが四十歳くらいの頃には、この会社はこうなっているぞ！」という夢を語らなければいけないのです。

夢を語っていると、「そうならなかったらどうすればいいのか」と聞かれることがありますが、私はそんなときには、「私に石を投げればいい」と答えるようにしています。

あるときも、赤字企業の再建に際して、「雇用は必ず守る。給料も下げないが、一年間は労働時間を伸ばしてほしい。それで目標が達成できなかったときは、私がポケットマネーでその差額を全部払う。

書けと言うなら、誓約書も書く。しかし、これまで一度も払ったことはない。全部成功しているからだ。

もちろん、世の中には絶対はないし、今日初めて会った私のことを信用してくれと言っても、信用できないだろう。だから、一年間は騙されたと思ってほしい。騙されたと思えば、腹も立たないはずだ。しかし、結果的に騙されることにはならないと思う」と大いに夢を語ったところ、当初は半信半疑だった人たちも、「わかった。やってみよう」と納得して、熱心に事に当たってくれたこともあります。結果はもちろん大成功でした。

最後に次代を担う若い方々に言いたいことがあります。リーダーたちが夢を語らないからといって、夢を描かなくていいわけではありません。大きな夢を語る人がそばにいないなら、古今東西の名著や私の著書を読んだりして、勝手に真似て、私でさえ驚くような夢を描いてください。

夢が描ければ、あとはそれに向かって元気はつらつ、全力疾走すればいいのです。すぐやる、必ずやる、出来るまでやるならば、あなたの夢はきっと現実になります。

九月二日

スランプとの上手な共存

市《いち》川《かわ》崑《こん》

映画監督（1915〜2008）

これは夏十《なっと》さん（亡くなった妻）の言葉だが、私は今も忘れない。

人間だれでも、波のうねりのように、周期的に必ずスランプに落ち入るものである。ここで焦《あせ》ってはいけない。むしろ、スランプの状態にあるときこそ、苦しいけれど、より一段高いところへ飛躍《ひやく》するための力を養うべきなのだ、それがいちばん賢明《けんめい》なスランプ克服《こくふく》法なのだ、ということを、あの人は私に教えてくれた。

九月三日

加賀《かが》乙彦《おとひこ》
作家（1929〜）

四十九歳《さい》の文士開業

人さまざまで、小説の創作にも悠々《ゆうゆう》とむかうのがよしという人もいる。が、私《わたし》の場合は、背水の陣《じん》を敷《し》いたほうが、筆がすすむようだ。四十九歳のとき、私は自分の行方《ゆくえ》を自分でえらんだ。そのことを今ではすこしも後悔《こうかい》していない。むしろ、あの時ぐずぐずしていて問題を先にのばさなくてよかったと思っている。

九月四日

打ち込《こ》むということ

藤《ふじ》本《もと》義《ぎ》一《いち》
作家
（1933〜2012）

タイム・スケジュールは、他人の作ったものに従っていたなら、いつまで経《た》っても、打ち込むものに巡《めぐ》りあわなくなる。あくまでも、自分で作成したものの中に、自分から躍《おど》り込んでいかなくてはならないのだ。

充実度《じゅうじつ》を得るためには、考えもしなかった精神的苦痛、肉体的苦痛を受けるかもしれないが、それは覚悟《かくご》の上で突《つ》き進まなくてはいけない。

充実度を得る条件を整理してみると、発想の転換《てんかん》、能動的意志、そして、他《ほか》に逃《に》げる道がないのだと自分にいい聞かせることであろう。

打ち込むもの（事）を、誰《だれ》が教えてくれるものか。

九月五日

人の島から島に行きうるは、これ水の恩なり

——小《こ》平《だいら》桂《けい》一《いち》

天文学者（1937～）

私が高校時代から親しんできた日本古流泳法・神伝流《しんでんりゅう》の極意《ごくい》を記した游書《ゆうしょ》の一説である。

大海原《おおうなばら》に身を任せて波に枕《まくら》し、水心一体となって無心に泳いでいく心得を説いたものと承知している。感謝と敬虔《けいけん》さの上に、前向きな姿勢がある。

天文学を生業《なりわい》とするようになってから、この心得は「宇宙に聴《き》こう」に転化された。無限の時空の瞬間《しゅんかん》に存在する人間は、宇宙に生まれて宇宙に還《かえ》る。自然の摂理《せつり》を従順に聴き、謙虚《けんきょ》な気持ちで前向きに生きよう。

九月六日

岡《おか》本《もと》民《たみ》夫《お》

同志社大学名誉教授（1936〜）

明かりをつけてください

四十年ほど前、ようやく教育キャンプが盛《さか》んとなり、日本で初めて視覚障害児のキャンプが行なわれたときの事である。

初日の夜、楽しいキャンプファイアも終わり、テントに戻《もど》ったとき、メンバーの一人が「明かりをつけてください」と申し出てきた。

視覚障害児には「光」や「色彩《しきさい》」は無用であるという偏《へん》見《けん》と誤解に満ちた、キャンプカウンセラーである私達《たち》の「心の障害」に慄然《りつぜん》とさせられると同時に、光や色が人間の基本的要求であることを学ばせてくれる出来事であった。

九月七日

加藤《かとう》幸子《ゆきこ》
作家（1936〜）

続けていれば何かが生まれる

長い休止期間のあとで、私《わたし》が小説をまた書き始めたのは、自然に対する思い入れに深い関係があります。小説は内面のあふれる思いを表現する一つの手段だからです。互《たが》いに利己的な動機で始めたわけではないのに、自然と文学は私の中で一つの根になっていました。両者とも私にとっては、結果など考えるいとまもなく飛びこまざるを得ない業《ごう》のようなものでした。そうしたい、そうしたほうがいいと感じたことを積み重ねていった、その途中《とちゅう》でしぜんに花が開いた、という気がします。言いかえれば、続けていくことによってのみ、それらは私の生の中で真実大切なものになった、とも思われます。

九月八日

藤《ふじ》原《わら》てい

作家
（1918〜2016）

子供達《たち》のために生きなくては……

「この子供達のために生きるんだ。迷うんじゃない。私《わたし》は母親ではないか。勇気を出そう。頑張《がんば》ろう」

その翌日から私は乞食《こじき》になった。三人の子供達を連れて人さまの軒下《のきした》へ立った。そのはげしい屈辱《くつじょく》。血が身体《からだ》を逆流するような苦しみだった。

「生きるためだ、私がしなくて、誰《だれ》がこの子供達の命を助けてくれるものか」

九月九日

永田《ながた》和宏《かずひろ》
歌人／細胞生物学者
（1947〜）

長生きして欲《ほ》しいと
誰《だれ》彼《かれ》数へつつ
つひには
あなたひとりを数ふ

（河野《かわの》裕子《ゆうこ》歌集『蟬声《せみごえ》』）

死の二日前に、河野裕子が口述筆記で遺《のこ》した歌だ。すでに鉛筆《えんぴつ》を持つ力はなく、時折、口から出てくる言葉が歌なのだった。この一首は私が書き写した。

私たちは、よく話す夫婦《ふうふ》であった。お互《たが》いが考えていることは知りぬいていると思っていた。だが、それは傲慢《ごうまん》であった。

死の直前のこの一首に、最後の最後まで彼女《かのじょ》の心を占《し》めていたのが、私への思い、私を遺していくことの無念さであったことを改めて知る。

歌は、日常会話ではとても伝えられない心の深いところを表現できる詩形式なのである。

九月十日

松《まつ》原《ばら》惇《じゅん》子《こ》
ノンフィクション作家
（1947〜）

ひとつのことをやり続ける

重要なことは、才能のあるなしにかかわらず何でもいいからひとつのことをやり続けることなのである。そうするとおのずと見えてくるものがある。問題は才能ではなく、続けること。つまり努力なのだ。一に努力、二に努力……これが、長い間迷ったあげくに私《わたし》の悟《さと》ったことである。私には、物書きの才能があるのかどうか、むいているかどうかわからない。でも、私は今の仕事を灰《はい》になるまで続けていくつもりだ。

九月十一日

我《わ》れあり、我がものあり、我がいのちあり

高《たか》谷《たに》辰《たつ》生《お》
京都女子学園元理事長

自分で自分のいのちをつくった人間はおりません。思議《しぎ》を超《こ》えるはたらきによって、与《あた》えられたいのちであるにもかかわらず、私たちは「自我《じが》」にとらわれております。

今の時代にこそ、深く自己の在拠《ありか》を問い、いのちの根源にめざめを得たとき、私たちは生きとし生けるもののいのちの尊厳と平等性にはじめて立つことができ、他を利する心のはたらき《慈悲《じひ》》があらわれ、和合の世界が形成されるのではないかと思います。

九月十二日

石井《いしい》好子《よしこ》
シャンソン歌手
（1922〜2010）

終電車は始発電車

長年開いていた音楽事務所を閉じるとき、ある宗教家が「音楽事務所の仕事は今終電車として、車庫に入ってゆくでしょう。でもその終電車は翌朝、始発電車として、また車庫を出てゆくのですよ」と言われた。

音楽事務所は閉じた。しかし私は生きていて再び歌手として舞台《ぶたい》に立っている。

この電車が終電車になるまで私は歌いつづけてゆくことだろう。

九月十三日

生島《いくしま》ヒロシ

フリーアナウンサー（1950〜）

望みが高ければ、人生は退屈《たいくつ》しない

サムエル・ウルマンの『青春』という著書の中にこんな一節がある。「望みが高ければ、人生は退屈しない」。僕《ぼく》の大好きな言葉で、座右の銘《めい》でもある。夢をもつことの大切さ、小さくても大きくても夢をもつことの素晴《すば》らしさを教えてくれる言葉だ。僕はいつでもたくさんの夢を両手に抱《かか》えている。そしてそれが僕の心の支えになっている。だから子どもに夢をもつことの素晴らしさ、それが叶《かな》ったときの喜びだけは、しっかりと伝えてやりたいと思う。

九月十四日

奈《な》良《ら》岡《おか》朋《とも》子《こ》

俳優（1929〜）

あるがままに自然に生きて行けたら

〝生き甲斐《がい》〟という言葉で片付けられるものではありませんが、私《わたし》にとっては、芝居《しばい》を続けていくことが生きている証《あかし》だと思っています。未《いま》だに自分のできなさ加減に腹が立つこともありますが、大きな流れの中で、今自分がどこにいるのかを絶えず自己確認《かくにん》していたいと思います。つまり、まだまだ激しい流れの中で揉《も》まれなくてはならないんだなと思うことにしているのです。そして同時に、そんな大きな流れの中に流されてしまわずに、どんな流れなのか、そして、今私はこの流れに流されていいのかどうかを絶えず見極《みきわ》めていたいと思うのです。

〝人生五十年〟と言われていた昔を思えば、これからはおつりの人生なのかもしれません。しかし、まだだ、まだだという いい意味での闘争心《とうそう》というかエネルギーを持ち続けながらも、あるがままに自然に生きて行けたら……と思うのです。

〝生きている〟ということは、生かされているということは、とてもかけがえのないことなのです。

九月十五日

竹《たけ》内《うち》宏《ひろし》

㈱日本長期信用銀行常務取締役調査部長（1930～2016）

思いどおりにならなくとも

誰《だれ》でも、じぐざぐな人生をたどるようだ。自分の思いどおりにならない時期が必ずあり、その時には、自分は下手《へた》な生き方をしているのではないかという悔恨《かいこん》が強まるだろう。また、恥《は》ずかしいので、自分の希望の道を真《ま》っ直《す》ぐに進めず、その結果、下手に生きたと反省している人も少なくないだろう。重要なのは、そうした時期にも、自分のやりたいことについては、寝食《しんしょく》を忘れて努力し続けることのように思える。そうすれば、いつかは、下手な生き方が突《とつ》然《ぜん》に上手《じょうず》な生き方に変わるに違《ちが》いない。

九月十六日

太田《おおた》治子《はるこ》
作家（1947〜）

「半分でいいのよ。
たとえどんなによい小説でも、
誰《だれ》からも好かれるということは
ありません。
半分の人に支持されたら、
それで充分《じゅうぶん》です」

何かで落ち込《こ》みそうになった時、「半分」という言葉をつぶやくようになった。すると、明るい心がよみがえってくるのだった。三十代の終わりに結婚《けっこん》した私《わたし》は、昨年の夏の終わりに一人の女の子の母親になった。この原稿《げんこう》を書きながら膝《ひざ》の上の赤《あか》ん坊《ぼう》に、

「半分」

と小さな声でいってみると、彼女は何故《なぜ》か声を上げて笑った。

九月十七日

木《き》村《むら》 梢《こずえ》
随筆家
（1926～2019）

出《で》逢《あ》いと別れと

この世に生きている限り人と人とのつなぐ手に、また手をつないで生きてゆくのだと思う。そしてその中でよい出《で》逢《あ》いがあり悲しい別れがある。生まれてこの方どれだけの出逢いと別れを知ったであろうか。その積み重ねの上に今の私がいるのだから、まさに人生とは人とのつながりで成り立っているのだ。

九月十八日

黒岩《くろいわ》重吾《じゅうご》
作家
（1924～2003）

生きているということ

私《わたし》自身は他人とは異なり生命を喪《うしな》うような体験を何度も味わっている。ことに戦争と全身麻痺《まひ》で四年間入院した経験は私の人生に大きな影響《えいきょう》を与《あた》えた。

人間というのは何度も死に直面すると、死というものが余り恐《おそ》ろしくなくなる。だがその反面、生への価値を強く認識《にんしき》する。今の私は、自分は人間以外の偉大《いだい》なものによって生かされている、と考えるようになった。それだけに生きている間は懸命《けんめい》に生きなければ、と何時《いつ》も自分にいい聞かせている。

九月十九日

立《たち》原《はら》えりか

童話作家
（1937〜）

平凡なことを、
あたりまえにうけとめて、
さらにいとおしむ

ものごとをいとおしみ、思いやるためには、いつも自分の心を見つめていなければなりません。よそからやってくる光にたよるのではなく、自分の手でともした光で心を明るませるとき、それは若々しくもなり、豊かにもなるのでした。若い、軽《かろ》やかな心が新鮮《しんせん》なのは一時期だけです。幼かった日の心をそのまま持って、大人になることは不可能なのだから、あるがままのものをみとめなければなりません。

平凡《へいぼん》なことを、あたりまえにうけとめて、さらにいとおしむとき、無邪気《むじゃき》な時代とはちがう光に、心はつつまれます。その光は、昔ほどういういしくはありませんけれど、たしかに新しいし、美しいのです。

九月二十日

鈴《すず》木《き》義《よし》司《じ》

漫画家
（1928〜2004）

人間はいろんな面をもっているから、きっと良いところがあるはず

私はふだん人とつきあうには、相手の良いところだけを見ようと思っている。私をはじめだれにでも欠点はある。相手の欠点だけを見たらだれともつきあえない。相手の良いところと欠点とを両方見てもやっぱりつきあいはスムーズにいかない。ある日突然《とつぜん》欠点ばかり目につく日がくる。

そこで相手の良いところだけを見ることにしているのである。

九月二十一日

髙樹《たかぎ》のぶ子《こ》

作家（1946〜）

わかりあう

人間は「わかりあえない」ものだ、と思った方がいい。「わかりあえない」ことこそ神の恩恵《おんけい》であって、「わかった」と思うのは不遜《ふそん》なこと。だから沢山《たくさん》の触手《しょくしゅ》を伸《の》ばして、誰《だれ》かと触《ふ》れ合っていたいと思う。盲目《もうもく》のまま、おずおずと手を伸ばして。

九月二十二日

重兼芳子《しげかねよしこ》
作家
（1927〜1993）

人間は一色ではない

自分を善人だと思いこんでいる人ほど困った人はいない。こんな人は善意の押《お》しつけをし、人を教え導こうとし、絶対に自分の意見を貫《つらぬ》こうとする。それに対して、自分の中にある悪人の面を認めている人はつきあい易《やす》い相手だ。善《よ》いところもあれば悪いところもあると、自分に対する評価を公平にできる人は、接する人の善いところも悪いところもひっくるめて見てくれる。

九月二十三日

藤《ふじ》原《わら》新《しん》也《や》
写真家（1944〜）

一《いっ》燈《とう》照《しょう》隅《ぐう》

蝋燭《ろうそく》の火のごとく小さな明かり。

微小《びしょう》な光だが、それでも闇《やみ》に蔽《おお》われた世界の一隅《いちぐう》を照らし出す。希望はなにごともその極小からはじまる。

万燈照国《ばんとうしょうこく》と続く。その微小な光も万集まれば国をも照らし出すことができる。

安岡正篤（一八九八〜一九八三）の言葉

九月二十四日

多湖《たご》 輝《あきら》

千葉大学教授／教育心理学
（1926〜2016）

今日と明日で考えが違っていてもいい

せめて今はこれが自分の考えだ、これをやりたいんだという思いをもって、それを表現してみてはいかがでしょう。それがあなた自身を育て、どのような時代にも処していける自信を生む、一つの生き方になると思うのですが……。

九月二十五日

増《ます》田《だ》れい子《こ》

エッセイスト（1929～2012）

ともだちの姿を思いうかべる

私は、自分の気持ちがときに沈《しず》んで、めげそうになったりすると、ともだちの姿を思いうかべる。みなそれぞれ、まなじりを決して深夜まで、仕事にとりかかっているに違《ちが》いない。病母をかかえ、受験生をかかえ、あるいは、まったくの孤独《こどく》で、自らの時間を誰《だれ》かのために使おうと、努力している人たち。つまりは、愛情深いこの人たち。

その人たちの横顔や、うしろ姿を思いうかべると、萎《な》えた気持ちに、背骨が入る。誰だって苦しいのだ、誰だって泣きながら苦しみをこえるのだ、と私は確信する。自分について語らないのは、自らに忸怩《じくじ》たるところがあるからだ。恥《は》ずかしいのだ。それをのりこえようと努力する私のともだちのあのひとこのひと。私もまたその一人でありたい。

九月二十六日

萩《はぎ》原《わら》葉《よう》子《こ》
作家
（1920〜2005）

寄せては返す波のように

友達《ともだち》というものは、若い時は数限りなくいて、昨日《きのう》会った人同士、今日は一緒《いっしょ》に旅行に行き百年の親友のように親しくなれても、それは若さの故《ゆえ》であって、本当の親友かどうかは、年月をかけてつき合ってみなくては分からない。星の数ほどいる友達の中から、ふるいにかけて残った人が、本当の友達であるし、その友達も、いつか消えてゆき、また別の新しい友達の出会いが始まる。

打ち寄せては返す波のようなもので、押《お》し寄せては引き返し、また寄せて来る際限ない中から、好きな貝殻《かいがら》だけを拾うのに似ている。

九月二十七日

澤《さわ》野《の》久《ひさ》雄《お》 作家（1912〜1992）

仕事に情熱を感じられるか

人生の辻々《つじつじ》で思わず立ち止まってしまった時、いままで自分のして来た仕事を更《さら》に情熱をもってつみ重ねて行こうと思ったら、続ければいい。しかし、何かが間違《まちが》っていたと気づいたら、鉱山師が採掘《さいくつ》の場所を変えるように、別の仕事をやってみるのもいいだろう。新しい場所で仕事をする情熱がわき出したら、自分自身を発見することになるかもしれない。そこに、その人の才能が、眠《ねむ》っているかもしれない。要は、情熱が持てるかどうか、ということである。

九月二十八日

吉《よし》岡《おか》 忍《しのぶ》
ノンフィクション作家（1948〜）

「書き始めたら書き終わることや」

将来は作家になろう、と十代の私は漠然《ばくぜん》と考えていた。大学教授に聞くと、そのためには視点の確立が大事と言われ、ある作家は、読むべき小説を教えてくれた。私はますます混乱し、不安になった。

そんなとき、小説家の小田実《おだまこと》さんに会った。小田さんは関西弁であっさり言った。「簡単やで。作家の仕事は、書き始めたら書き終わることや」。目から鱗《うろこ》だった。誰《だれ》もが手を出すが、たいてい途中《とちゅう》で放《ほう》りだす。これはどんな仕事にも当てはまる真実なのだと知ったとき、私は作家になっていた。

九月二十九日

林《はやし》　望《のぞむ》
作家／国文学者（1949〜）

「文章ではお前にかなわないな」

父雄二郎《ゆうじろう》が亡《な》くなって七年経《た》った。穏《おだ》やかで自由な父だったが、私は学問の道に進んで、若い頃《ころ》は苦悩《くのう》の連続であった。

しかし、処女作《しょじょさく》『イギリスはおいしい』がベストセラーになり、その翌年だったか、『帰らぬ日遠い昔』という自伝的小説を出した。

読書家だった父はすぐに通読して、「面白《おもしろ》い、この本は。俺《おれ》は文章ではお前にかなわないな」と言った。どこか嬉《うれ》しそうなその表情と声調は今に忘れない。作家として立とうと思ったのもその言葉が後押《あとお》しをしてくれたからかもしれぬ。

九月三十日

加藤《かとう》秀俊《ひでとし》
文部省※放送教育開発センター所長
（1930〜）

お金は肥料とおなじ。若い芽を育てるために使わなければ何の価値もない。

ブロードウエイのミュージカル「ハロー・ドーリー」のおわりのほうで歌われるドーリーのことばである。お金にはいろいろつかいかたがあるけれども、いちばんだいじなのは、つぎの世代のひとびとのためにつかうことだろう。ひろい意味での教育につかうもよし、若いひとたちの実験や冒険《ぼうけん》をはげますためにつかうのもよい。もっとも、あまり肥料をやりすぎると、せっかくの芽は枯《か》れてしまう。心しながら育てたい。

※現 文部科学省

十月

一日 遠藤周作 作家
二日 鹿島茂 フランス文学者
三日 小川昇 舞台照明家
四日 新川和江 詩人
五日 青木雨彦 コラムニスト
六日 うつみ宮土理 タレント
七日 上村松篁 日本画家
八日 平櫛田中 彫刻家
九日 城之内ミサ ミュージシャン／音楽家／ユネスコ平和芸術家
十日 石川達三 作家
十一日 森下洋子 〈公財〉松山バレエ団理事長・団長／バレリーナ
十二日 友竹正則 声楽家
十三日 中山あい子 作家
十四日 柳原良平 イラストレーター
十五日 桑原武夫 京都大学人文科学研究所教授
十六日 吉田知子 作家
十七日 山藤章二 イラストレーター
十八日 出久根達郎 作家
十九日 山谷えり子 レポーター
二十日 青木功 プロゴルファー
二十一日 田原総一朗 評論家／ジャーナリスト
二十二日 田中優子 法政大学総長
二十三日 大庭みな子 作家
二十四日 北島忠治 明治大学ラグビー部監督
二十五日 四世井上八千代 京舞井上流家元
二十六日 永井道雄 教育社会学者
二十七日 田中澄江 劇作家
二十八日 加賀乙彦 作家
二十九日 草野心平 詩人
三十日 佐佐木幸綱 歌人
三十一日 島田雅彦 小説家

十月一日

かなり、うまく、生きた！

遠藤《えんどう》周作《しゅうさく》
作家（1923〜1996）

自分で言うのもオコがましいが、私は私なりに「かなり、うまく、生きてきた」と近頃《ちかごろ》、思っている。かなり、うまく、生きてきた、などと書くと何か処世術たくみで、社会を上手《じょうず》にたちまわったように聞こえるが、私の言うのはもちろん、そんなことではない。

かなり、うまく、生きてきた、と言うのは二つの意味がある。

ひとつはこういうことである。私は今年で六十一になるのだが、過去をふりかえってみると、どんなことでも深い意味と価値とがあった、とやっとわかったからである。

私にだってまあ、辛《つら》い時や挫折《ざせつ》が何回もあった。たとえば十数年前のことだが、私には入院三カ年、大きな手術を三回やるというかなり長い病気の期間がある。

その頃は新進作家として世に出たばかりだったから、この挫折とブランクとは非常に痛かった。同じ世代の作家が次々とよい作品を書くのを病床《びょうしょう》で読みながら、寂《さび》しい思いを三年もせざるをえなかった。三年も書かぬとジャーナリズムも読者も私を忘れ、見離《みはな》すのは当然だからである。

　しかし私はこの挫折とブランクとをかなりうまく使ったと今、過去を回顧《かいこ》して思っている。

　まず私は生活と人生は違《ちが》うとその頃から考えるようになった。病気はたしかに生活上の挫折であり失敗である。しかしそれは必ずしも人生上の挫折とは言えないのだ。なぜなら生活と人生とは次元がちがうからである。

　病気という生活上の挫折を三年間たっぷり嚙《か》みしめたおかげで、私は人生や死や人間の苦しみと正面からぶつかることができた。これは小説家にとって苦しいが貴重な勉強と体験だった。少なくともそのおかげで、人間と人生を視《み》る眼《め》が少し変わってきた。今に思うと『沈黙《ちんもく》』という私にとっては大事な作品はあの三年間の生活上の挫折がなければ、心のなかで熟《じゅく》さなかったにちがいない。

　更《さら》に入院三年という経験で私は患者《かんじゃ》の心理がどんなものかを身をもって知ることができた。

　現在、私は医師や看護婦と力をあわせ、「心あたたかな病院」を作ろうとする活動をやっている。日本の病院に何よりも必要なのは医療《いりょう》技術はとも角として、患者の悲しみや心をふまえた暖かい扱いかただと思うに至ったのは、あの十数年前の自分や周りの患者の経験が基盤《きばん》になっていることは言うまでもない。それがなければ、私は今のような活動を思いつくに至らなかったであろう。

　あれや、これやを考えてみると入院三カ年の生活は私にとって留学三カ年に匹敵《ひってき》する勉強となり体験となった。そしてその勉強と体験とを私はかなりに活用できたと思うから、あのマイナスはプラスになったのだ。生活上のマイナスは人生上のプラスと置き変えられたのである。

　こういう風な観点にたつと私は他の辛いこと、みじめなことも比較的《ひかくてき》、うまくその後の自分に利用してきたのではないかと言う気がする。

　この間、尊敬する小説家フランソア・モウリヤックの最後の作『ありし日の青年』を読んでいたら、次の言葉にぶつかった。

「ひとつだって無駄《むだ》にしちゃあ、いけないんですよと、ぼくらは子供のころ、くりかえして言われたものだ。それはパンとか蠟燭《ろうそく》のことだった。今、ぼくが無駄にしていけないのは、ぼくが味わった苦しみ、ぼくが他人に与《あた》えた苦しみだった」

この言葉を読んだ時、思わず「これだな」と思った。私が会得《えとく》したものがそのまま、そこに書かれているると知ったからである。

ひとつだって無駄にしちゃいけない――と言うよりは、我々の人生のどんな嫌《いや》な出来事や思い出すらも、ひとつとして無駄なものなどありはしない。無駄だったと思えるのは我々の勝手な判断なのであって、もし神というものがあるならば、神はその無駄とみえるものに、実は我々の人生のために役にたつ何かをかくしているのであり、それは無駄どころか、貴重なものを秘めているような気がする。

これを知ったために、私は「かなり、うまく、生きた」と思えるようになった。

次にもう一つ、別な理由がある。

私は自分のなかのチャンネルが一つだけではないことを感じて、今日まで百いくつかのチャンネルをまわしながら生きてきた自信があるからだ。

好奇心《こうきしん》の人一倍つよい私は知的、精神的好奇心のほかに生活的好奇心が自分のなかに強く存在しているのをいつも感じてきた。だから私は前者の自分を遠藤周作という本名にして、その自分では文学をやってきた。そしてもう一つの自分――生活的好奇心の強い自分には狐狸庵《こりあん》という名称《めいしょう》を与え、それによって生活のいろいろな楽しみを充分《じゅうぶん》、享受《きょうじゅ》しながら生きてきた。

だから、よく『沈黙』とか『イエスの生涯《しょうがい》』を書いた遠藤周作と、芝居《しばい》やダンスやコーラスを仲間たちとやったり、その大きな組織や劇団を作る狐狸庵とはどういう関係になっているか、ふしぎに思われる読者がいるのだが、事情は複雑でも何でもない。

私は知的なあまり、プロ野球も見ず、ミュージカルの『キャッツ』も味わえず、碁《ご》も知らず、ピアノも奏《ひ》けない学者や文化人になりたくないのである。と同時に競馬や競輪やマージャンに通じているが知的、精神的なものには好奇心がまったく欠如《けつじょ》している遊び人にもなりたくないのである。そしておこがましいが、自分のなかのこれら複数好奇心のチャンネルを同時にまわし、その音をききながら生きようと思ってきた。

そのおかげで、六十歳《さい》まで私は「この道ひとすじ」(何という日本的な発想だろう！)の人よりは二倍ぐらいは、生きたのではないかと思っている。どんな人のなかにもNHKのチャンネルだけではなく、民放のチャンネルもたくさんあるのに、「この道ひとすじ」の生き方が真面目《まじめ》と思われているために、なんと多くの人間がおのれの可能性を犠牲《ぎせい》にしていることだろう。

おのれの可能性を犠牲にしているだけではない。そのために友人になれたであろう人を随分《ずいぶん》、失う場合もあるのだ。

この頃、碁を習いはじめたために、私は碁を通して十人ぐらいの人と知りあった。こういう趣味《しゅみ》の仲間とは利害関係が伴《ともな》わないから、すぐに友だちになれ、その関係も長続きがするのである。碁ももちろん楽しいが、碁がすんだあと、この人たちと一杯《いっぱい》くみかわしつつ談笑する悦《よろこ》びはまた格別である。

逆に自分のなかにたった一つのチャンネルしかまわさぬ人は職場の友人、仕事関係の知己《ちき》は持てても、それ以外の別世界の人とつきあうチャンスは少なくなるだろう。人生にとって各種各様の友人を持つことが何よりも大きな倖《しあわ》せの一つなのに、これではどうしても寂《さび》しいと言うものだ。

寂しいだけではなく、自らを限定してしまう。友人や知人をたくさん持つことはマイナス面もたしかにあるが、人生の総計算をしてみると、やはりプラス面がぐんとはねあがるのだ。

私には樹座《きざ》とかダンス会とかコーラスとかを通して得た文壇《ぶんだん》以外の世界の友人がかなりいる。医師や俳優、会社経営者、板前、ダンサーからはじまって、巡回《じゅんかい》採食労働者――つまり上野の公園などで寝《ね》ている人とも交際をしている。

そういう仕事の違《ちが》った人の話をきくことは刺激《しげき》になる。時にはこういう世界があるのかとか驚《おどろ》かされることもあるが、また、どんな違った世界の人でも結局はおなじものを目指していたのだとわかって、膝《ひざ》を叩《たた》くこともある。

では、どういう風にしてその人たちとつきあうのか。

まず、相手に好奇心と関心を抱《いだ》くことだ。好奇心と関心を持ち、その話を聴こう（聞こう、ではない）という気持ちさえあれば、向こうは必ず話をしてくれる。話をしてくれたことには必ず感心する点があるから、それを摂取すれば、やがて友人になれるのだ。

だから私はつきあいの第一法則は「笑顔と好奇心」との二つにつきると思っている。

笑顔、これは相手に好意を持っていることの意思表示であるし、好奇心、これは相手が人生や生活で学んだことを尊重している意思表示だからだ。

盆栽《ぼんさい》の育てかたを教えてください、ゴルフのクラブのふりかたを示してください、碁を教えてくれませんか――相手の得意とするものの教示を乞《こ》うて、断られたためしは今日まで私には一度もない。これである、つきあいの第一歩のこつは。

十月二日

鹿《か》島《しま》茂《しげる》
フランス文学者
（1949〜）

何でもやればわかる。やらなきゃわからない

小《お》倉《ぐら》昌《まさ》男《お》
（『福祉を変える経営』日経BP社）

「クロネコヤマトの宅急便」の生みの親・小倉昌男さんの「デメリットがあるからビジネスチャンスがある」という思想は、学問・研究にも応用可能である。デメリット一〇〇％でメリット〇％というものはなく、デメリットがあれば必ずメリットもある。ただし、何でもやってみなければわからない。失敗したら、二度と失敗しないためにはどうするか考える。失敗しないと進歩がない。経営も教育も失敗から学ばせることに尽《つ》きるのである。

十月三日

小《お》川《がわ》 昇《のぼる》

舞台照明家（1898〜1995）

仕事を楽しむ

これは常に自分に言い聞かせている心掛《が》けのようなものです。

言葉の基《もと》は論語の一節、「之《これ》を知る者は、之を好む者に如《し》かず。之を好む者は、之を楽しむ者に如かず」ですが、七十年近くも同じ仕事を続けていると、必ずしも楽しい仕事ばかりではありません。楽しくないままで終わった仕事からは決して良い結果は生まれませんでした。やっぱり仕事は楽しくやらなくちゃ……。

どんな仕事でも、工夫《くふう》と努力で必ず楽しさを見つけることが出来るものだと思います。

十月四日

新《しん》川《かわ》和《かず》江《え》　詩人（1929〜）

こちらから先に挨《あい》拶《さつ》すること

人とのつき合いを円滑《えんかつ》にし、仕事の道を切り拓《ひら》いていくのは、この一語に尽《つ》きるようだ。感情の行き違《ちが》いがあってこじれてしまった関係でも、あちらから何か言ってくるのを便々と待っていないで、こちらから先に素直《すなお》に気持ちを表明してみることだと思う。つまらぬ意地を両方で張っていると、ますますミゾが深くなって、補修工事はもう永遠にきかなくなってしまう。

十月五日

青木《あおき》雨彦《あめひこ》

コラムニスト（1932〜1991）

他人の目を気にする

他人の目を気にすることは、かならずしも、自分にマイナスになるとは限らない。

「他人の目を意識せずに伸《の》び伸びと生きることは、果たして、そんなにいいことだろうか」

わたしは、いまでも、ときどきそう考える。

十月六日

うつみ宮土理《みどり》

タレント（1943〜）

損か得かは紙一重

損も得も人が決める。同じ性格でも、ある人から見れば、損にもなるし、得にもなる。無口で口下手《くちべた》だと言う人は、口数が少ないだけ利口そうに見えるという利点がある。だから、損も得も紙一重《かみひとえ》。そんなにカリカリすることはないのである。

十月七日

上《うえ》村《むら》松《しょう》篁《こう》

日本画家（1902〜2001）

勤勉努力は凡《ぼん》を非凡にする

勤勉努力は至極《しごく》当たり前のこととして日々を過ごして来たのですが、一昨年の冬、平沢興《ひらさわこう》先生から戴《いただ》いた御《お》手紙の中の「勤勉努力は凡を非凡にする」という一節に「はっ」と胸を打たれました。

頭をつかうということが脳を刺戟《しげき》して、脳波の活動を無《む》尽蔵《じんぞう》に促《うなが》すことであろうかと思いました。私は以来、仕事に熱中することの悦《よろこ》びを一層ひしひしと感じています。勤勉努力に依って少しでも非凡に近づきたいと、老骨に鞭《むち》を打っています。

十月八日

平《ひら》櫛《ぐし》田《でん》中《ちゅう》
彫刻家
（1872〜1979）

器用がついて来ていた

まもなく、満一〇二歳《さい》になります。よくここまできたものと思います。

しかし、もう少し長生きしないと、私の義務が果たせない作品があるのです。五、六点、いやずっとせばめても四点は作らなければなりません。

最近この四点以外に一つまとめてみましたが、それには手こずりました。三年かかりましたが往生《おうじょう》しました。苦しんで苦しんで、そして私の修業がウソだったということを痛感しました。習い始めの時分、五年なり十年なりは、どんなことがあってもその物を木に移すことを根本にしなくてはなりません。それが私にはできていなかったのです。言わば器用にやっていたのです。

私は器用が大嫌《だいきら》いです。仕事が上手と言われる人を見ると、たいがい器用です。私はその器用な仕事が大嫌いなのです。大嫌いな器用な仕事が、知らない間に私にくっついて来ていたのです。

十月九日

城《じょう》之《の》内《うち》ミサ

ミュージシャン／音楽家／ユネスコ平和芸術家（1960〜）

飾らず、気取らず、無理せずに

「私はこうで、こういう人間なのです」と言葉で語り尽《つ》くさなくても、〝自分〟は出せる。それは、飾《かざ》らず、気取らず、無理せずに。つまり等身大の自分でいることに他《ほか》ならないのではないだろうか。

十月十日

石《いし》川《かわ》達《たつ》三《ぞう》
作家
（1905〜1985）

ただやみくもに

自分で自分を変えることが可能かどうか。なかなか思うようにはいかないだろうと思う。私は（自分を変えよう）などとは思っていなかった。ただやみくもに飛び出して行っただけのことだった。しかし私は社会人として、何か一種の自信を得ていた。（自分ひとりだけなら、どこの国へ行っても俺《おれ》は生きて行ける……）という自信ができていた。

十月十一日

森《もり》下《した》洋《よう》子《こ》

〈公財〉松山バレエ団理事長・団長／バレリーナ（1948〜）

先生はいつまでも必要

バレエは人間の肉体で舞台《ぶたい》の空間に美の造形をするのですから、常に筋肉の変化と衰《おとろ》えを先生にみてもらわなくてはなりません。ですから先生ほど大切な人はおりません。稽古場《けいこば》の鏡だけでは自分を矯正《きょうせい》することはできません。先生が意欲をもって注意して下さるように自らも人一倍努力しなければなりません。

芸術の進歩のために先生はいつまでも必要なのです。

十月十二日

友《とも》竹《たけ》正《まさ》則《のり》

声楽家

（1931〜1993）

世の中で一番楽しく立派なことは一生《いっしょう》涯《がい》を貫《つらぬ》く仕事をもつことである。

我々、肉体そのものを駆使《くし》して業を為《な》す芸能者にとって、歳月《さいげつ》の歩みは苛酷《かこく》だ。

人間としての成熟も技術の向上も、声や体への容赦《ようしゃ》ない生理的衰《おとろ》えの前には、とてもはかない。無残なものだ。歌唱を生業《なりわい》として四十年に垂《なん》なんとする今日、その乖離《かいり》にはいたく悩んだ。

そんなある日、この言葉に出会った。さるお稲荷《いなり》さんの神籤《みくじ》で、だ。後にこれが有名なものと知ったが、その時、ぼくは豁然《かつぜん》として新しい世界が開けたように思った、天命と倶《とも》に天職を生きよう、と。

十月十三日

中《なか》山《やま》あい子《こ》

作家（1923〜2000）

己れへの意地

無理して肩肘《かたひじ》はって、と言うが、人生、かなりのしんどさの中を肩肘はって生きるのが当たり前ではないだろうか。もう駄目《だめ》、助けて！　と、人に頼《たよ》る生き方は女々《めめ》しい。何をしたっていい。どぶさらいでも、屑《くず》拾いでも、自分の手で働くのが最低の意地である。そしてそれがプライドってものだ。下賤《げせん》な仕事と言うが仕事に上下はないと思うのも一つ意地である。私はこれで喰《く》っているのだ、という気概《きがい》が意地である。貧しさに萎《な》えない自立。

柳《やなぎ》原《はら》良《りょう》平《へい》
イラストレーター
（1931～2015）

信頼は心を知ることから

要はやはり人の心を知り、考えることがすべての面で大切ではないでしょうか。特にこれからの世界、社会は損得、量の大少といったことの判断ではなく、一人ひとり微《び》妙《みょう》に異なる心をくみとって自分と相手の考えを大切にすることが信頼を生む大きな条件だと思います。

十月十五日

桑原《くわばら》武夫《たけお》

京都大学人文科学研究所教授
（1904〜1988）

進歩を信じること

「私は進歩を信ずる。人類が完全な幸福にいたるべき運命をもっていることを信ずる。それゆえ、神が人間をただ苦しめるために創り出したと妄想《もうそう》している信心家たちより、自分は、はるかに神について大きな考えをもっている。最後の審判《しんぱん》の日になってはじめて天上にあらわれる、と信心家どものいうあの極楽の状態を、自由な政治と産業の設備のめぐみによって、この地上に打ちたてたいと思うのである」

ドイツの詩人ハイネが『ドイツの宗教と哲学《てつがく》の歴史』のなかに書いた、この気高い言葉に、私はなに一つつけ加えることはありません。核兵器はたしかに科学の進歩の産物の一つです。しかし、科学がいかに多くのすぐれたものを生んだかを忘れて、進歩を否定ないし嘲笑《ちょうしょう》するものは必ず敗者ないし愚者《ぐしゃ》です。ただ進歩の全面的肯定《こうてい》の上での英知がいま必要なのです。

十月十六日

吉《よし》田《だ》知《とも》子《こ》
作家
（1934〜）

「これは自分の欠点だ」と自覚したとき、少しはよくなる

どんなことでも、「これは自分の欠点だ」と自覚したとき、少しはよくなる。「改めよう」と思えば、思うだけでも少しはよくなる。短気、ぐず、怒《おこ》りっぽい、陰気《いんき》、怠《たい》惰《だ》、わがまま、荒《あら》っぽいといった類《たぐい》の性格的な欠点は大《たい》抵《てい》、自分で欠点と認めたときに少しはよくなるものだ。本当にそうである人は自覚さえもしていないのである。

十月十七日

山藤《やまふじ》章二《しょうじ》

イラストレーター（1937〜）

死んだらどうなるか、と訊《き》かれます。「死んだら終わりよ」、と答えます。

臨済宗天竜寺派《りんざいしゅうてんりゅうじ》管長・関牧翁《せきぼくおう》さんの言葉。新聞のインタビューに答えて語った。

この身もふたもない言葉に私は笑いながら、そうか、それなら日々を安逸《あんいつ》に過ごしてもかまわないのかと、手前勝手に解釈《かいしゃく》した。若い頃《ころ》の話である。

時を経て、次第《しだい》に言葉の深さに気がついた。「死んだら終わり」だからこそ、自分が生かされている証《あかし》を残すこと、子孫に恥《は》ずかしくない有意義な日々を過ごすのだと考え直した。

高僧《こうそう》の言葉の真意を理解するには、相応の歳月《さいげつ》が必要なのである。

十月十八日

出《で》久《く》根《ね》達《たつ》郎《ろう》
作家
（1944～）

本の数だけ学校があり、教師がいる

中学を卒業すると上京し、東京の古書店に勤めた。夜間の高校に行かせてくれないか、と懇願《こんがん》した私に、書店主の高橋太一氏がこう言った。「学校など行く必要はない。この店をご覧《らん》、学校も教師も、選《よ》りどりみどりだ。勉強だけでない、世の中のすべてを学べる」。高橋さんの言う通りだった。私は古本学校で学んだ。いろんな先生に出会った。今も、学んでいる。この学校には卒業式が無い。死ぬまで、学生である。

十月十九日

山《やま》谷《たに》えり子《こ》

レポーター
（1950〜）

やめたら
すべてがゼロになる

苦しいからとやめちゃうのは簡単なこと。でも、やめたらすべてがゼロになる。大切なことは、ヘタでも微力《びりょく》でも続けること。がけもまた道と思って歩けば、突然《とつぜん》ポンと視界がひらける瞬間《しゅんかん》がある。いつもそんなふうに勇気づけるのです。……だって、もう二度とあのころのフテくされたイヤな自分には戻《もど》りたくないんですもの。

十月二十日

青木《あおき》 功《いさお》
（1942〜）
プロゴルファー

体技心

プロ生活四十三年目※を迎《むか》えた。二〇〇一年六月に千試合出場を達成し、二〇〇四年に日本人男子プロとして初めて、世界ゴルフ殿堂《でんどう》入りという身に余る栄誉《えいよ》によくした。

病気らしい病気をせず現役《げんえき》選手として今もプレーが出来ているのは、丈夫《じょうぶ》な体を授《さず》けてくれた両親のおかげだ。それともう一つ、プロボクシングの世界チャンピオン白井義男《しらいよしお》さんが、コンディショニングトレーニングを日常的に行なっていたと伺《うかが》い、私もそれを実践《じっせん》したからだと思っている。

「心技体」という言葉があるが、私はことあるごとに「体技心」であると言い続けている。それは、いくら健全な「心」を持っていたとしても「体」が丈夫でなければ健全な心を生かせないと思っているからである。

健康な体を造る努力が出来れば、おのずと健全な心が宿ると信じている。これは、なにもプロスポーツ選手に限らず一般の方々にも当てはまるのではないかと思う。

※2006年当時

十月二十一日

田《た》原《はら》総《そう》一《いち》朗《ろう》
評論家／ジャーナリスト
（1934〜）

大事なことは
失敗をしないことではなく
上手に失敗をすること

失敗に失敗を重ねて成功にたどりつく……。その意味でも失敗を恐《おそ》れていたら絶対に成功はあり得ない……。といって、もちろん、失敗を重ねてさえいれば成功がやってくる、というものでもない。

大事なことは、うまく、上手《じょうず》に失敗することだ。失敗で決定的なダメージを受けず、逆に成功への一ステップを縮める……。そのためには、間違《まちが》っても、力みかえって単調な棒球《ぼうだま》を連投などしないことだ。

十月二十二日

田中《たなか》優子《ゆうこ》

法政大学総長（1952〜）

「つらいって、よくないこと？」

私はそのころ、疲《つか》れて愚痴《ぐち》が多かったのだと思う。いろいろ相談していた松岡正剛《まつおかせいごう》さんが、あるときそう言ったのだ。大事なことを悟《さと》った瞬間《しゅんかん》だった。

松岡さんの著書『日本流』（ちくま学芸文庫）はこう始まる。「日本で最初に唄《うた》われた童謡《どうよう》が何かというと、それは『かなりや』です」。この歌をくちずさむと、誰《だれ》もが悲しく、切なくなる。日本ではつらさ、悲しさは多くの場合、創造の源であった。その気持ちの由来や理由を掘《ほ》り下げると、自分自身の深奥《しんおう》に至る。

十月二十三日
大庭《おおば》みな子《こ》
作家（1930〜2007）

好奇心を！

好奇心《こうきしん》という言葉は悪い響《ひび》きで使われることも多いようだが、好奇心がなくなったときは死ぬときであると私は常々思っていて、「猫《ねこ》は好奇心のために身を滅《ほろ》ぼす」というアングロサクソンの諺《ことわざ》通りになりたいものだと思っているくらいだ。

十月二十四日

北島《きたじま》忠治《ちゅうじ》
明治大学ラグビー部監督
（1901～1996）

千万人と雖《いえど》も吾往《われゆ》かん

孟子《もうし》の言葉である。子供の時から強情っぱりで、間違《まちが》ったことに対してとことん楯《たて》ついたことが思い出される。学生時代から現在に至るまで、何百回となく意見の衝突《しょうとつ》があったが、正しいと思ったら、相手が誰《だれ》であろうとも決して一歩も譲《ゆず》らなかった。

そんな僕《ぼく》が相撲《すもう》からラグビーに転じることになる。そのきっかけが、ラグビー精神の、レフリーに対し絶対服従、ノークレームということに惹《ひ》かれてというのだから皮肉なことである。古い道徳環境《かんきょう》の中で育ったが、時代が変わった今日でも守るべきものがたくさんある。人に押《お》しつけようとは思わないが、僕は自らの道を進む。

十月二十五日

四世 井上《いのうえ》八千代《やちよ》

京舞井上流家元（1905〜2004）

おなかで笑いなはれ

今はもう亡《な》くなられましたが、お師匠《つしょ》さん（三世井上八千代）から教えていただいたことです。四つの頃から舞《ま》い一筋にまいりました私ですが、お師匠さんにはほんとに叱《しか》られどおしに叱られました。〝おなかで笑いなはれ〟〝涙《なみだ》はおなかで流すもんどっせ〟――おけいこにはそれは厳しいお師匠さんでした。私が今日まで舞いつづけてこれましたのも、こうしたお師匠さんのお教えがあったればこそ。〝雀《すずめ》百まで踊《おど》り忘れず〟のたとえどおり百歳《さい》まで舞いつづけられたお師匠さんに負けないように、これからもますます精進《しょうじん》していきたいと思っております。

十月二十六日

永《なが》井《い》道《みち》雄《お》
教育社会学者
（1923〜2000）

「天は人の上に人を造らず、人の下に人を造らず」と言えり。

明治の初め、日本が近代化の道を歩み始めたとき、福沢《ふくざわ》諭吉《ゆきち》は有名な彼の著書『学問ノススメ』の冒頭《ぼうとう》に、この言葉を記した。人間は差別なく学習によって成長することができる。それが、この言葉の意味であり、私も、これまで繰《く》り返し、この言葉に出会い、この言葉に励《はげ》まされて、人々と共に成長したいと願ってきた。

十月二十七日

田中《たなか》澄江《すみえ》
劇作家
（1908〜2000）

自分を見捨てず、自分を大事にしてゆこう

自分がこんなに欠点だらけの人間だから、弱い人間だから、だからもっとよい人間、強い人間になれるように、神さま助けて下さいと祈《いの》る。自分がどうしようもなく自分にとって気に入らぬ存在であっても、自暴自棄《じき》になることは許されないと思う。自分にとって自分自身は、最高の支配者ではなく、自分よりももっと偉大《いだい》な存在の神が、自分を見まもってくれていると思えば、絶望することは、傲慢《ごうまん》である。こんな自分でも見まもってくれている神を信じて、いつかは、今よりはよくなるであろう自分に望みをかけてゆこうと思う。自分を見捨てず、自分を大事にしてゆこうと思うのである。

十月二十八日

加賀《かが》乙彦《おとひこ》
作家（1929〜）

生きていることの意義

ただ一つ言えることは、死を直視する人間は、生きていることの意義を見出《みいだ》すということである。なぜか分からないが、私たちはこの世に生まれてきた。生まれてきたのは自分の力によるのではない。同じように死ぬのも自分の力によるのではない。何かの大きな力が、自分を生み出してくれ、また死なすということを悟《さと》ったとき、与《あた》えられた生が尊いものにみえてくる。

十月二十九日

草野心平《くさのしんぺい》

詩人（1903〜1988）

職業？
職業は無職だよ

「職業？　職業は無職だよ」三女の八枝子《やえこ》さんにきかれたとき松方三郎《まつかたさぶろう》はそう答えたそうである。そのくせ彼が死ぬ直前の役職は、数えたら五十一あった。また「昔話に花を咲《さ》かせるのは年よりのすることだよ」ともよく言ったらしい。彼は毎朝一時間、部屋の中で動かない自転車をこぐ。ハンドルのところに本を置けるように工夫《くふう》して、本を読みながらこぐのである。その一時間のあいだに電話がかかってきても受話器をとらない。読書と運動を一応おえると、風呂場《ふろば》でジャンジャン水をかぶる。冬の、どんな寒い日にも、それはかかしたことがなかった。

日本山岳《さんがく》会員がエヴェレスト登頂に成功したのは一九七〇年の五月だった。その時の隊長は周知のように松方三郎である。彼は五三五〇メートルのベース・キャンプまで登って隊員の指導に当たった。その時彼は七十一歳《さい》だった。

十月三十日

佐《さ》佐《さ》木《き》幸《ゆき》綱《つな》

歌人
（1938～）

美しく、お暮らしください

この言葉は、『北一輝論《きたいっきろん》』などで知られる評論家・村上《むらかみ》一郎《いちろう》さんからの手紙の末尾に書かれていた挨拶《あいさつ》の言葉である。

生きるとは、さまざまな選択肢《せんたくし》の中から、どれかを選択することである。その選択の基準がその人の一生のトータルをかたちづくるのである。損か得か、楽しいか楽しくないか、そんな基準もあるだろう。だが、美しさを基準とする選択の仕方こそ最上の生き方ではないのか。村上さんはそう考えていた。私も、私なりの美学を基準に生きたいとねがっている。

十月三十一日

島《しま》田《だ》雅《まさ》彦《ひこ》

小説家
（1961〜）

運命を愛せ

大抵《たいてい》の人は自分の不幸な運命を呪《のろ》うが、呪ったところで報《むく》われることも、状況《じょうきょう》が好転することもないので、結果的に運命に対し、甘《あま》んじたり、諦《あきら》めたりするしかない。それは依然《いぜん》、受動的な態度にとどまる。

だが、ニーチェは「運命を愛せ」と開き直った。呪いも諦めも突《つ》き抜《ぬ》け、ある運命を背負ったことを逆手に取り、その立場を精一杯《せいいっぱい》楽しみ、利用し、大逆転に結びつけようとする。

人は心がけ次第《しだい》で、どんな逆境でも勝手に勝てるのだ。

十一月

一日 松下幸之助 PHP研究所所長
二日 沢村貞子 俳優
三日 村上信夫 帝国ホテル常務取締役料理長
四日 みつはしちかこ 漫画家
五日 会田雄次 京都大学名誉教授
六日 齋藤茂太 精神科医
七日 源氏鶏太 作家
八日 藤原敏行（孚石） 日本画家／嵯峨面作家
九日 大宅映子 評論家／ジャーナリスト
十日 金田正一 野球評論家
十一日 樋口恵子 評論家
十二日 鎌田敏夫 作家
十三日 辺見じゅん 歌人／作家
十四日 井上雪 光徳寺坊守／作家
十五日 山口晃 画家

十六日 わたせせいぞう 漫画家／イラストレーター
十七日 大西良慶 北法相宗清水寺貫主
十八日 塩月弥栄子 茶道家
十九日 小笠原英法 村雲門跡瑞龍寺執事長
二十日 浜内千波 料理研究家
二十一日 日野啓三 作家
二十二日 沖藤典子 作家
二十三日 柿沼康二 書家／アーティスト
二十四日 秋山仁 数学者
二十五日 森絵都 作家
二十六日 白澤卓二 医学博士
二十七日 沼野恭子 ロシア文学者
二十八日 松本零士 漫画家
二十九日 中村桂子 生命誌研究者
三十日 有森裕子 元・女子マラソン選手

十一月一日

松下《まつした》幸之助《こうのすけ》
PHP研究所所長
（1894〜1989）

自信ということ

自信というのは、生きる上で非常に大切なものですな。第一そうしたものがなければ、生きていてもこんなに頼《たよ》りないことはない。もっとも、自信を持ちすぎるのも困りものですがね……。

禍転じて福となす

ぼくも、自信をなくすという経験は何度となくしてますわ。悲観して、どうにも困りはて、夜も眠《ねむ》れんというようなこともありましたよ、実際は。しかしね、その翌朝になると、もうすっかり考え方というか発想が変わってましたな。昨夜悲観した材料をもとに、これはこう考えよう、あれはああしようというように、建設的な考え方が心に浮《う》かんでくる。禍《わざわい》転じて福となすというか、いわばそういう発想ですね。それが自然にできたのですよ。

だから、自信をなくしたとはいうものの、その次の瞬間《しゅんかん》には、どうすればそれを解決できるか、そのことをもう懸命《けんめい》に考えていたということですな。幸いそういうことができたので、今日までやってこれたのではないでしょうか。

それができたのは、ぼくが持って生まれた性格というものもあるでしょうが、やはり体験の中から自然に身についたものでしょうね。

■どちらに目を向けるか

百の事を行なって、一つだけ成ったとしたら、たいていの人は事の成らない九十九に自信をなくし、もう再びその事を試みなくなるでしょうな。そうなれば、まさに失敗ですわ。

しかし、よく考えれば百が百とも失敗したわけではない。たとえ一つでも事が成っているということは、他《ほか》の九十九にも成る可能性があるということですね。

そう考えれば勇気が出てきましょう。そして、事の成った一つをなおざりにしないで、それを貴重な足がかりに、自信を持って九十九にいどむことができる。そうなれば、もはや成功したのと同然ですよ。


良い面を見て自信を持つか、悪い面を見て自信をなくすか、それによって人生は大きく変わってくるのではないでしょうか。

■正しいという信念

商売でね、なんらかの資金が必要となって、銀行から金を借りなければならない。それで銀行へ足を運ぶ。

「金を貸してください」

「あなたのところは規模も小さいし、とてもそれだけの資金は貸せません」

こう言われて「ああそうですか、それでは仕方がありません」と引き下がっていたのでは金は借りられませんね。

やはりその人は、相手を説得するだけの熱情をもっていなければならない。その熱情はどこから出てくるのかというと、自分のやっていることに間違《まちが》いがないという自信や信念からですな。そういう熱情があれば、銀行の人を説得することもできるのですよ。

「あなたは、規模が小さいから貸せないと言われますが、小さいから弱いということはありません。むしろ小さいから小回りもきくし、強いのです」

「なるほど、考えてみればあなたのおっしゃるとおりです。ではお金をお貸ししましょう」

まあ、こういうことにもなってきます。

どんなに頭のよい人でも、自分のやっていることがあやまっているとか、よくないことだとなれば自信を持てませんものね。だから、何が正しいかを常に自問自答し、自分のやっていることは正しいという信念を持てるようにしておかなければなりません。そこに説得力も生まれ、事も進んでいくのですな。

これは人生においても必要なことだと思いますよ。

スズメに学ぶ

鳥たちの生態をよく見てみると、非常に教えられるところがありますな。たとえば、家の庭先にいるスズメにしても、まさに寸秒《すんびょう》のおしみもなく飛び歩いて、一途《いちず》にエサを求めている。もう何も考える余地がないほど懸命に動きまわっているわけですな。

もしそれをやらねば、スズメは生きていけない。少しでも手を抜けば、栄養失調で死んでしまうわけですよ。

ひるがえって、果たして人間はそれだけの努力をしているかどうかということですな。

非常に酷《こく》な言いかたですが、そこまでやって初めて、本当に生きる自信が生まれてくるのではないでしょうか。

そのことを知らずして、〝ぼくは自信がない〟などと安易に言っている姿は結局甘《あま》えにすぎない。そんな気がするのですよ。そこに気がつかんといかんと思うんです。

生きるということは、本当は非常に厳しいものだと思いますな。

十一月二日

沢《さわ》村《むら》貞《さだ》子《こ》
俳優
（1908〜1996）

しなやかに生きる

このごろ折りにふれては私の胸にこの言葉が浮《う》かぶ、さわやかな風のように……。

去年※NHKテレビで、吉森こずえさんの十四年間の記録を見て以来である。

そのあと私の夫が雑誌『暮しの手帖《てちょう》』にのせたエッセイの題は「生きる・このしなやかさ」。

サリドマイド児という〝深刻な現実を柔軟《じゅうなん》にうけとめ、挫折《ざせつ》の気配もない少女〟、この生き方は私の心に深くひびいて忘れられない。私も残りの人生を、こんな風に生きたい。

※1981年

十一月三日

村《むら》上《かみ》信《のぶ》夫《お》

帝国ホテル常務取締役料理長
（1921～2005）

今が一番大切なんだよ

私は、父の影響《えいきょう》を受けて料理の世界に入り、十九歳《さい》で、帝国ホテルの門をくぐった。当時の料理長である石渡文治郎氏は、一度教えたことは二度と教えないという頑固者《がんこもの》。実習中はメモをとることさえもゆるさなかった。

十数年後、私がフランスへ料理研修に訪《おとず》れ、名料理長・アンリ・ル・ジュール氏に指導を受けた時のことである。氏はいつも開口一番こう言った。

「今が一番大切なんだよ」

何度も聞いているうち、私は、ふとその言葉の中に、恩師・石渡文治郎氏の頑固な姿が思い出されたのである。

十一月四日

みつはしちかこ

漫画家
（1941～）

片思いのままでいい

それまでの私にとって、生きることはいつでもしんどいことであり、恥《はじ》をかくこと、踏《ふ》みつけられることだとしか思われなかったのが、いつしか、生きることは、細々《こまごま》と、美しいものたちとの出会いの連なりであると、感じられるようになったのである。

それからの私の片思いは、なにも人間に限らない。

花、鳥、草、木、空、雲、風、雨、雪、虫……、好き、と思うものすべてが片思いの対象なのである。

そして、いつまでも片思いのままでいいと思っている。

十一月五日

会《あい》田《だ》雄《ゆう》次《じ》

京都大学名誉教授

（１９１６〜１９９７）

苦しきは旅路、楽しきはビール女が美しいと酒がうまい

こんなのが心にひびく言葉なんてと思われるかも知れないが、実はこの諺《ことわざ》が生まれた時代背景が問題なのだ。遠く苦しく長い輸送の旅を終え、やれやれと久しぶりに我家でビールの味を楽しんでいる光景と、多分、酒場か何かでホステスさんにお上手を使いながら呑《の》んでいる姿といったところだが、何とこれ、五千年から四千年ぐらいの昔、日本など影《かげ》も形もなかった時の、上は現在のイラクの地に栄えたシュメールの国の、下はエジプトの、共に、苦しい奴隷《どれい》的《てき》労働をしていたとされる民衆が残した言葉なのである。人間て、こんな昔から私たちと殆《ほとん》ど変わらぬ生き方をしていたのだなあと心慰《なぐさ》むのではなかろうか。

十一月六日

齋藤《さいとう》茂太《しげた》

精神科医

（1916〜2006）

深からず、浅からず

さき頃、アメリカの精神分析医《ぶんせき》ベラック博士《はかせ》の著書『山アラシ・ジレンマ』が邦訳《ほうやく》出版されたが、その書名はショーペンハウエルの寓話《ぐうわ》からでている。二匹《ひき》の山アラシが身体を暖めるために近づき過ぎてケガをしたりしているうちに、ケガもせず、しかも暖めあえる適正な距離を見いだした、という話だ。

人間の「生きあい」も「山アラシ」と同じで、「深からず、浅からず」という行き方をするのが、ながい年月を経て培《つちか》われた人間の知恵《ちえ》ではあるまいか。人間は山アラシよりも遥《はる》かに利口なはずだ。そうあって欲しい。

十一月七日

源《げん》氏《じ》鶏《けい》太《た》
作家
（1912〜1985）

甘えることの出来る仕合わせ

人生は甘《あま》えることの出来る仕合わせがたしかにある。同時に、甘えられることの出来る仕合わせということもたしかにあるのでなかろうか。いい返せば、この世の中に甘えることの出来る人が一人でもいてくれたらそれだけで仕合わせである。また、自分に甘えてくれる人が一人でもいてくれたらそれだけで仕合わせである。これを逆に、この世に自分に甘えてくれる人が一人もいなく、甘えることの出来る人も一人もいないとしたら、その人にとってこの人生は、およそ索漠《さくばく》たるものになってしまうに違《ちが》いない。その日々が砂を噛《か》むような孤独《こどく》である。

十二月八日

——藤《ふじ》原《わら》敏《とし》行《ゆき》（孚《ふ》石《せき》）

日本画家／嵯峨面作家

世の中に、種蒔《ま》かずして
物の生えし例《ため》し無し
種蒔きてこそ、遂に運や
開けん

時折、頭に浮かぶ、誰《だれ》の言葉か、この通りの文章であったのか、記憶を確かめる術《すべ》もないが、中学生の頃に愛用していたコップにプリントされていた言葉である。

ものつくりの性《さが》として、常に、前面に立ちはだかる壁を乗り越えて行くことを余儀なくされる。創造の原点に帰ることは、常にひとつ処《ところ》に留まることなく、壁を打ち破り進むこととなる。

「我が実力の不十分なるを知ることこそ、我が実力の充実なれ」——併《あわ》せて、私の好きな言葉である。

十一月九日

大宅《おおや》映子《えいこ》
評論家／ジャーナリスト

意志があれば道は拓《ひら》ける

「Where there's a will, there's a way」なのだが、日本語でいう「心頭滅却すれば、火もまた涼し」という根性論とは全く違う。意志がなければ、何事も始まらないということだ。

いまの日本は、個人も国もそもそも何がしたい、どうありたい、という〝意志〟という根っこを失った根腐れ状態だ。貧しい時代には明確に存在し得た意志。飽和状態の豊かさの中では、根無しでも浮遊していられる。よほど意識して〝意志〟を持たなくてはいけないのだ。

十一月十日

金田《かねだ》正一《しょういち》
野球評論家（1933〜2019）

もっと真剣《しんけん》に取り組んだら？

プロ野球デビュー直後から、破竹の勢いで勝ちを重ね、自分の投球に自信を深めていった。そんなときに監督《かんとく》から言われた言葉が、私の野球人生を変えた。

「野球にもっと真剣に取り組んだら？」

過信のあまり、肉体のアフター・ケアを怠《おこた》り、体調管理がおろそかであることを指摘《してき》されたのだ。その瞬間《しゅんかん》、もっと高いレベルでのプレーを目指し、厳しい自己管理を自分自身に課した。多くの記録を残せたのは、徹底的《てっていてき》な摂生《せっせい》の賜物《たまもの》だ。

何事においても、本当に真剣に取り組めば、結果の如何《いかん》にかかわらず満足感が得られる。それに、努力すれば自然とよい結果もついてきて、喜び、快感を味わうことができるものだ。

十一月十一日

樋《ひ》口《ぐち》恵《けい》子《こ》

評論家（1932〜）

にもかかわらず笑うこと

ユーモアとは「にもかかわらず笑うこと」と言った人がいる。心のゆとりとは、まさにこのユーモアの精神があることだと私は思う。全神経を集中しなければ生きられないような正念場《しょうねんば》においても、他の美しいものを見れば美しいと感じ、悲しむべきときには他者のために涙《なみだ》を注《そそ》ぐことができる。いつも自分のことだけでなく、なにかを受け入れる心のゆとりがなかったら、「にもかかわらず笑うこと」などできっこない。

十一月十二日

鎌《かま》田《た》敏《とし》夫《お》
作家
（1937〜）

この世の中には、絶対というものはない

心の奥底《おくそこ》の小さな疑問。それが、心を広くする鍵《かぎ》である。さとりを開いた人だけが、心が広くなるわけではないのだ。ちなみに、さとりというのは、この世の中には絶対というものはないことを、身をもって知ることではないだろうか。そんな気がする。

十一月十三日

辺見《へんみ》じゅん

歌人／作家（1939〜2011）

素直だから見えるもの

桜が咲《さ》けば、きれいだと男が見惚《みほ》れて言う。きれいねと女が答える。夏、合歓《ねむ》の花や百日紅《さるすべり》が咲くと、立ちどまって眺《なが》めている。

平凡《へいぼん》なようでいて素直《すなお》な言葉。さりげなくって安らぎのこもった会話や自然との素直なふれあい、そんな一つ一つが人生にとって最高に思えるようになってきた。

十一月十四日

井《いの》上《うえ》雪《ゆき》
光徳寺坊守／作家
（1931〜1999）

心にゆとりのある暮らし

いくつになっても、朝起きて、何かすることがある、それが死ぬ日まである、それが人間としてもっともしあわせなことでしょう。その基本に、死生観が存在します。

今を大切に生きる、その根っこにあるのが、心にゆとりのある暮らしに私は思います。人間とは浅《あさ》くつきあい、神仏と深くつきあう、そうすればおのずと心にゆとりが生まれましょう。

十一月十五日

山口《やまぐち》 晃《あきら》
画家（1969〜）

そういうことを言っているとそういう風になっちゃうよ

私が冗談《じょうだん》めかして自嘲《じちょう》的な言葉を口にしたとき、先輩《せんぱい》に言われた言葉です。

自嘲は先に自らを嘲《あざけ》ることで人のそしりを免《まぬが》れようという卑《いや》しい心持ちが見え隠《かく》れします。傍《そば》で聞くほうも困りますし、何より己《おのれ》の行く道を閉ざします。

謙遜《けんそん》のつもりで「私などぜんぜんです」と言う人がいます。同じことを大切な友人を紹介《しょうかい》するときに言うでしょうか。「この人はこれからですよ」と未来に扉《とびら》を開けるのではないでしょうか。

夜郎自大《やろうじだい》になる必要はありませんが、自分のことを大切な友人のように遇《ぐう》することも必要だと、この言葉に学びました。

十一月十六日

わたせせいぞう

漫画家／イラストレーター（1945〜）

原稿料《げんこうりょう》が給料の六倍になるまで、会社を辞《や》めてはだめよ

僕《ぼく》が会社員と漫画家《まんがか》の二足のワラジで悩《なや》んでいたとき、直木賞作家の永井路子《ながいみちこ》さんのおっしゃった言葉だ。

縁《えん》あって永井さんの薫陶《くんとう》を受けた。早く漫画家で一本立ちしたかったのだが、なかなか六倍にならない。遥《はる》かに及《およ》ばない。相談に行く。

「六倍になったの？」「いえ」「じゃ漫画は趣味《しゅみ》にしなさい」

シブシブ。こんな問答が約十年。遂《つい》に僕が四十歳《さい》のとき、転勤を機に独立を決意。退職した。事後報告を永井さんにすると、「おめでとう！」と手を差し出された。永井さんは、僕自身が決断するのを待っておられたのだ。

十一月十七日

大西《おおにし》良慶《りょうけい》
北法相宗清水寺貫主（1875〜1983）

初心不忘

（初心を忘れず）

人間は、普通《ふつう》教育の間に志を立てて進むべき方向を定め、専門教育を経て職域にたち、先輩《せんぱい》の指導と初心貫徹《かんてつ》の一心になって幾多《いくた》の艱難辛苦《かんなんしんく》を突破《とっぱ》し、やっと人生の前半を終わるのである。

堅忍不抜《けんにんふばつ》の信念功績が成功をきたすのである。この変遷《へんせん》のはげしい世相には幾波瀾《いくはらん》があって、もし初心を忘れ、浮《ふ》動性《どうせい》が思惑誘惑《しわくゆうわく》にさそわれると失敗が起こる。後半生の歓《よろこ》びを失《うしの》うてはならぬ。古今立志伝中の先輩しからざるなし。

初心不忘（初心を忘れず）こそ最も大切な始めを慎《つつし》み、終わりを全うする基礎《きそ》である。

十一月十八日

塩《しお》月《つき》弥《や》栄《え》子《こ》
茶道家（1918〜2015）

学び——真似る

私は若い方々に、お茶にかぎらず、すべて美しいもの、立派なものはためらわず学び——つまり真似《まね》からおはじめなさいと申しあげたいのです。

それが基礎《きそ》のデッサンです。けれども真似《まね》だけではだめ。たいせつなことはその真似の基礎の上に、あなた自身の個性と創意を生かすくふうをこらし、努力を重ねることです。

十一月十九日

小笠原英法《おがさわらえいほう》

村雲門跡瑞龍寺執事長（1914〜2002）

自信がないのではない 自信がもてる迄《まで》努力しないのである

自分の力はこの辺まで、と決めてしまうとそこまでの力しか出ない。

結論を急いで自信をなくすことは早計である。

今、与《あた》えられた仕事を一心にやりぬこう。どんなにつまらぬ仕事でも、それは将来の大きな仕事につながっているのだ。

十一月二十日

浜《はま》内《うち》千《ち》波《なみ》
料理研究家
（1955〜）

どんな困難な状況《じょうきょう》にあっても、
解決策は必ずある
救いのない運命というものはない
災難に合わせて、どこか一方の扉《とびら》を
開けて、救いの道を残している

『ドン・キホーテ』

問題に向かって真剣《しんけん》に考える。あきらめない。道は必ずひらけると信じてきた自分と同じ考えを、ふと雑誌の片隅《かたすみ》で目にして驚《おどろ》きました。

この文章で自分の生き方を肯定《こうてい》できたようで、もう迷いはありませんでしたね。

それと同時に、私自身が救いの道になれるような人間になろうとしなければいけないとも思いました。

十一月二十一日

日野啓三《ひのけいぞう》
作家
（1929～2002）

私は私の内なる声にのみこたえねばならない……。

私の内なる声には、単に私自身の四十数年の体験の堆積《たいせき》だけでなく、幼児から聞いてきた父や祖父の体験、読み聞いてきた友人、先人の体験、さらにはもっと遠く原始時代から何千何万年、幾《いく》つもの危機を耐《た》え乗り越《こ》えて生きのびてきた民族と人類の体験の遠い記憶《きおく》さえも、暗く底深くこもっていることを、私は信ずるからである。

十一月二十二日

沖《おき》藤《ふじ》典《のり》子《こ》
作家（1938〜）

学びて時にこれを習う

『論語』巻第一 学而第一 孔子

私の父は独学で人生を切《き》り拓《ひら》いた人で、よく冗談《じょうだん》めかして「学問はないけど学はある」なんていっていました。その父の座右《ざゆう》の銘《めい》が論語のこの第一行で、子どものころからいわれ続けたものです。

「たいしていい頭じゃないんだから、復習すること。頭の中で繰《く》り返《かえ》し習うこと」

年をとって「時にこれを習う」必要性がぐんと増してきたと思います。しまい忘れや置き忘れ、行動を忘れることが多くなったからです。

この一行は高齢《こうれい》社会の認知症《にんちしょう》予防を、予言したものだったかと思うことしきりです。

十一月二十三日

柿《かき》沼《ぬま》康《こう》二《じ》

書家／アーティスト
（1970〜）

人より一枚でも多く書いたヤツが最後に勝つ

「お前は二代目だから、人の五倍くらい勉強しないと駄目《だめ》だ」

師・上松一條《うえまついちじょう》の門を叩《たた》き、兄弟子《あにでし》達《たち》から最初に言われた言葉である。

腕《うで》では負けても枚数だけは誰《だれ》にも負けてたまるかと、ろくに大学にも行かず、一日十五時間筆を持ち続けることも少なくなかった。そんな日々が十年程《ほど》続いた。

或《あ》る日の稽古《けいこ》で兄弟子が私に言った。

「枚数の柿沼だな。でも数書きゃーいいってもんじゃねーぞ」

その様子を見ていた師が言った。

「ええか、他人より一枚でも多く書いたヤツが最後には勝つんじゃや……」

〝質より量〟。質は狙《ねら》うものではなく、量をこなした結果、質が導き出される。今も変わらぬ心構えである。

十二月二十四日

秋山《あきやま》仁《じん》

数学者（1946〜）

いつだって、ありのままの自分をさらけ出せばいいじゃないか！

受験、恋愛《れんあい》、発表会……。

小さい頃《ころ》から、いざという時にことごとく失敗し、周囲をガッカリさせ続けてきた私が入った高校は、設立されて間もない私立だった。行きたくない学校にイヤイヤ通い、すべてに投げやりな私が抱いていた信条は「努力は報われず、正義は滅びる。恋する者は泣きを見る」だった。

そんな私に「いい結果を出したい、他人にイイ格好を見せようとするから、力を発揮できないんだ。自分は未熟だって自覚すれば、失敗や恥を怖れずに自分を伸ばせる。自分で自分を小さくするな」と、数学の先生が私の弱点をズバリと指摘し、激励してくれた。世をすねた少年を、人生の楽天的冒険者に変身させてくれた恩師の一言である。

十一月二十五日

森《もり》 絵《え》都《と》

作家（1968年〜）

人生にあるのは、前進中の力だけなんだ

約二十五年前に出会ったサン=テグジュペリの小説『夜《や》間《かん》飛《ひ》行《こう》』の一節です。

人生には解決法なんてない、あるのは前進中の力だけ、それさえあれば解決法なんてひとりでに見つかる——。

重圧と闘《たたか》いながら飛行機乗りたちを統《す》べる主人公独特の人生哲学《てつがく》に打たれ、以降、私は困難に遭《あ》うたびに胸の内でこの言葉を反芻《はんすう》してきました。大丈夫《だいじょうぶ》、前進する力さえあればすべてはどうにかなるものだ、と。

十一月二十六日

白《しら》澤《さわ》卓《たく》二《じ》
医学博士（1958〜）

これまでに同じ雪を滑《すべ》ったことがない

百歳《さい》まで山スキーを楽しんでいた三浦敬三《みうらけいぞう》さんが百歳のときのテレビのインタビューで「敬三さんにとって、人生とは？」という質問に対して答えた言葉。二十歳《はたち》から青森県の八甲田山《はっこうださん》を滑り始め、八十年間も山スキーを続けた敬三さんだった。

人生のテーマは、日々刻々変化する雪の質に対して、どのようなスキーや滑るテクニックが必要かを探求する人生だった。長寿《ちょうじゅ》の秘密はまさしくその「探求一筋」な挑戦《ちょうせん》に象徴《しょうちょう》されていた。

十一月二十七日

沼《ぬま》野《の》恭《きょう》子《こ》
ロシア文学者
（1957〜）

文学は人類が持つ最良の宝です

ロシアを代表する作家リュドミラ・ウリツカヤの長編『緑の天幕』（前田和泉《まえだいずみ》訳、新潮社）の中で、「国語」を担当するシェンゲリ先生が生徒たちに語って聞かせる言葉である。

主要登場人物である三人の同級生は、尊敬する先生に絶大な影響《えいきょう》を受け、その後文学を糧《かて》に、抑圧的《よくあってき》なソ連社会をそれぞれ主体的に生きていく。

文学が伝統的に重要視されてきたロシアの文化状況《じょうきょう》を象徴《しょうちょう》するフレーズだが、現代日本の教育現場にもシェンゲリ先生が必要ではないかと思う。

十一月二十八日

松本《まつもと》零士《れいじ》

漫画家（1938〜）

I'll《アイル》 never《ネバー》 be《ビー》 hungry《ハングリー》 again《アゲイン》.

（私は二度と飢《う》えない）

忘れられない言葉と言えば、戦後直後の占領《せんりょう》下であったが何故《なぜ》かその時に見た映画に有った一言である。

米軍占領下のアメリカ映画ではあるが、戦前に作られた有名なカラー映画『風と共に去りぬ』のインターミッションの直前で「スカーレット」と言う南部連邦《れんぽう》敗北で極貧《ごくひん》の坩堝《るつぼ》に落ちたヒロインの、ニンジンか何かを畑で抜《ぬ》き取《と》り、かじりながらの一言。

「I'll never be hungry again.」字幕に出た「私は二度と飢えない」の一言。そのシーンからロングに引いて木や畑と共に彼女もシルエットとなる。この一言が当時の状況《じょうきょう》と想《おも》いも同じで、「俺《おれ》は二度と飢えない」と現実としてこれが今でも心に焼き付いている。

十一月二十九日

中村《なか むら》桂子《けい こ》

生命誌研究者（1936〜）

もう一度戦争になったら生きていたくないわ

嫌《いや》なこと、辛《つら》い体験を語らなかった母が、亡《な》くなる少し前にふともらした言葉です。

太平洋戦争の敗戦が私が小学四年生の時です。東京の家は空襲《くうしゅう》で焼かれ、疎開先《そかいさき》では庭でサツマイモやカボチャをつくりました。食べものの調達など慣れない暮らしは、母にとって苦労の連続だったはずです。でも飴《あめ》を手づくりし、自分の着物で私と妹のワンピースを縫《ぬ》っている明るく前向きな母しか思い出せません。

日常を大切に自分を生きた母を思い、戦争のない社会を求める気持ちを強くしています。

十一月三十日

有《あり》森《もり》裕《ゆう》子《こ》

元・女子マラソン選手（1966〜）

自分で自分をほめたい

私がアトランタオリンピックで、ゴール直後に発したこのことばは、シンガーソングライター高石《たかいし》ともやさんのものである。高校生だった当時の私は、このことばに驚《おどろ》き、ノートに書き留めた。

今夏、東京オリンピックが開催《かいさい》され、とくにスケートボードなど、若い選手たちを見ていると、もう自然に自分を肯定《こうてい》できているようである。現役《げんえき》だった私が書き留め、胸にしまったあの言葉を思い出した。

互《たが》いに競《きそ》い合《あ》い高め合って、結果がどうであれ、讃《たた》えあう仲間のすばらしさ。これこそオリンピックの根源ではないか。スポーツの感覚が変わっていく、ひとつの希望を見たように思った。

十二月

- 一日 岡本太郎 洋画家
- 二日 松岡正剛 編集工学者
- 三日 立石義雄 京都商工会議所会頭／オムロン㈱名誉顧問
- 四日 工藤美代子 ノンフィクション作家
- 五日 森 毅 京都大学教授
- 六日 亀山郁夫 ロシア文学者／名古屋外国語大学学長
- 七日 枡野俊明 曹洞宗徳雄山建功寺住職
- 八日 山田久志 野球解説者
- 九日 服部幸應 学校法人服部学園理事長
- 十日 渡辺貞夫 音楽家
- 十一日 下重暁子 作家
- 十二日 阿刀田 高 作家
- 十三日 野中郁次郎 一橋大学名誉教授／日本学士院会員
- 十四日 鷲田清一 哲学者
- 十五日 左巻健男 理科教育者
- 十六日 丸岡秀子 評論家
- 十七日 真鍋 博 イラストレーター
- 十八日 本村凌二 東京大学名誉教授／歴史学者
- 十九日 野口悠紀雄 経済学者
- 二十日 小林隆彰 比叡山延暦寺長臈《ちょうろう》
- 二十一日 高田明和 浜松医科大学名誉教授
- 二十二日 齋藤茂太 精神科医
- 二十三日 ピーター・フランクル 数学者／大道芸人
- 二十四日 村上陽一郎 科学史家／科学哲学者
- 二十五日 西水美恵子 元・世界銀行副総裁
- 二十六日 渡辺利夫 拓殖大学学事顧問
- 二十七日 勅使河原宏 草月流家元
- 二十八日 養老孟司 解剖学者
- 二十九日 東山魁夷 日本画家
- 三十日 観世栄夫 能役者／演出家
- 三十一日 山下泰裕 東海大学講師／柔道家

十二月一日

岡《おか》本《もと》太《た》郎《ろう》
洋画家
（1911〜1996）

人生は爆発だ

好奇心《こうきしん》という言葉自体に私は何か、型にはまった安易さを感じる。

人生、生きるということ自体が、新鮮《しんせん》な驚《おどろ》き、よろこび、新しくひらかれていく一瞬《いっしゅん》一瞬であり、それは好奇心などという軽い、浮気《うわき》っぽいもの以上の感動だと思うからだ。

われわれはそもそも、生まれたいからこの世に出て来たわけではないけれど、オギャーと母の胎内《たいない》からとび出したその時から、思っても見なかった外界にさらされる。

まったく無防備な生命。しかし力強く、ありったけの力をこめてオギャアー、オギャアーと泣く。悲しいからではない。嬉《うれ》しいからでもない。生命が無条件に外に向かってふき出しているのだ。

やがて、もの心がついてくると、また新しい眼《め》で自分のまわり、世界を見かえすようになる。

幼い子供にとって天地のあらゆる現象——朝、日がさし出る、雨が降る、虫が鳴いて動いている、何もかもが不思議だ。日毎《ひごと》に夢をひらく、自分にぶつかってくる言いようのない衝撃《しょうげき》。そこに無条件に生きることのよろこびを感じとりながら成長していくのだ。

そのうちに、いったい人生とは何だろう、自分とは何なのか、というようなことを考えはじめる。

人の目、自分の状況《じょうきょう》が気になりだす。人生は辛《つら》い、きびしいものじゃないか。しかも自分自身が自覚する以前に、すでにまわりが自分を批判し、きめつけてくる。頭がいい、悪い、運動能力がある、ない、顔がきれいだ、醜《みにく》い、等々《などなど》。あらゆることで。圧倒的《あっとうてき》な、巨大《きょだい》な社会の影《かげ》だ。幼いときのみずみずしい自由感は次第《しだい》に窒息《ちっそく》させられて、世間一般の考えるとおりに考え、みんなの喋《しゃべ》るような喋り方をし、そういうことにも気づかないほど、常識どおりの枠《わく》のなかにおさまってしまうのだ。

いわゆる「大人」。そうなるとかえって、好奇心という、ある意味で遊びであるようなものを意識のなかに持たないといられないような気になる。一種のごまかし。一般的にいう好奇心は、責任をとらずに、ちょっと気をまぎらし、日常のコンプレックスから己《おの》れを逃がす。つまり利用できる安全弁として使われる。

それも別に悪いことではないが、生命の絶対感ではない。

確かに私にも好奇心はある。自分がやったことのない、危なそうに思われるものには、身を賭《か》けてぶつかって行きたくなる。

自分のいのちを純粋《じゅんすい》に賭《か》ける為《ため》に、私は芸術の道を選んだ。芸術はまったく自由である。現在、多くの人が失っている自由をとりもどす為に芸術は大きな役割を持っている。

私は朝から夜まで、まる一日、絵を描《か》き、文章を書き、彫刻《ちょうこく》にナタをふるう。全部まったく無条件に自分を外に向かって爆発《ばくはつ》させてゆく営みだ。

この瞬間に、無条件な情熱をもって挑《いど》む。いのちが、ぱあっとひらく。それが生きがい。強《し》いて好奇心といえば、好奇心の源だろう。

私がスキーをはじめたのも、確かに好奇心からだった。世界の常識として、スキーは三十歳《さい》を過ぎたら駄目《だめ》だということになっている。だが私は四十六になってからはじめてスキーをはいたのだ。

若い友人が熱心にすすめてスキーをはいたのがきっかけで、よし、やったことのないものは、やってやろうと決意した。これは、わが人生のスジでもある。

初心者だったから、最初はたらたらっとした斜面《しゃめん》で練習させられたのだが、上の方を見あげると、絶壁《ぜっぺき》のような上級コースが白々と輝《かがや》いている。ああ、あんな凄《すご》いところで滑《すべ》ってみたいなあ。とても駄目だろう、だが滑ってみたい。強烈《きょうれつ》な好奇心が私を惹《ひ》きつけた。思いきって、リフトでそこまで登ってみた。

ゲレンデの頂上に立つと、目もくらみそうな急斜面だ。こんなところ滑ったら、猛烈《もうれつ》な勢いですっころんで、首の骨でも折って死んでしまうんじゃないか。ウーム！　迷った。

こんなところで死ぬのもカッコウ悪いな。

しかし、ここまであがって来たのだ。来た以上、やってやろう。死と対面することこそが、いのちを燃やす真のよろこびじゃないか。

決意して、滑りはじめ、歯を食いしばって突っ込《こ》んで行った。とたんに、ステーンと、凄《すご》い勢いで転倒《てんとう》した。頭から新雪の中にもぐってしまい、何も見えない。だが嬉《うれ》しかった。何か自分が転んだというよりも、私の目の前で地球がひっくりかえった、というような感じ。地球にとても親しみを覚えた。

私はつくづく思うのだが、好奇心というのは、そのように生命を賭けて挑む行動に裏打ちされなければ、生きる感動としてひらかないのではないか。

だから、それはただの「お遊び」では駄目なのだ。全生命、全存在を賭けて、真剣に、猛烈に遊ぶのでなければ、生命は燃えあがらない。いのちがけの「遊び」と、甘《あま》えた「お遊び」とは、まったく違《ちが》うのである。

今日は余暇《よか》社会などとも言われ、管理された日常の外に生きがいを求めようという人が多くなっている。農作業でも、コンピューターの操作《そうさ》でも、強制された労働としてやれば苦役《くえき》だが、自由な「遊び」として創造的に取り組む限り、それはよろこびだ。

言いかえれば、人生、即、芸術。

誰《だれ》でもが好奇心を大いに発揮して、真剣に、無条件に、人生を生き貫いてほしい。

十二月二日

松《まつ》岡《おか》正《せい》剛《ごう》
編集工学者
（1944〜）

少数なれど、熟したり

ガウスの墓碑銘《ぼひめい》である。いまではガウスの数学は代数学のほぼ全域と解析学《かいせき》の先端《せんたん》をひらく功績で、屈指《くっし》の数学巨人《きょじん》とみなされているが、晩年に非ユークリッド幾何学《きか》にとりくんだときは、まったく周囲から理解されなかった。そこでラテン語で「少数なれど、熟したり」と紙片《しへん》に書いた。

青春期、「これだ」とぼくは思った。突端《とったん》の熟慮《じゅくりょ》にいつづけたいと思ったのである。以来、半世紀、多数派に阿る《おもね》ことがなくなった。

十二月三日

立《たて》石《いし》義《よし》雄《お》

京都商工会議所会頭／オムロン㈱名誉顧問
（1939〜2020）

顧《こ》客《きゃく》から学ぶ

一九八七年、オムロン（当時は立石電機）社長に四十七歳《さい》で就任後、この言葉を部屋の額に掲《かか》げて経営に努めてきた。

自社からの学びは自己満足に、競合からの学びは後追いになる恐《おそ》れがある。ドラッカー氏曰《いわ》く、ビジネスとは顧客創造である。企業《きぎょう》が社会の公器として存続するには、顧客から学ぶことが最も重要と考えた。ただ、顕在化《けんざいか》したニーズに対応するだけでは短期視点に陥《おちい》りかねない。

社会に潜在《せんざい》するウォンツを発掘《はっくつ》し、世に先駆《さきが》けて技術開発を進め、商品やサービスとして創造する「ソーシャルニーズの創造」を常に問い続けている。

十二月四日

工藤美代子《くどうみよこ》
ノンフィクション作家
（1950〜）

私は悪口を言うための書評は書きません

これは、かつて朝日新聞の書評委員会でご一緒《いっしょ》した時に鶴見俊輔《つるみしゅんすけ》氏から聞いた言葉だ。

はっとした。自分の思想信条と正反対の本や、間違《まちが》いだらけの本もこの世にはある。それを取り上げて批判する必要はない。何も触《ふ》れなければ良いのだ。無視こそが最大の批判という意味だと私は解釈《かいしゃく》した。

鶴見氏のこの言葉を私はずっと守っている。

書評を憂《う》さ晴《ば》らしの道具に使う傾向《けいこう》が、近年増加しているようだ。それを見る度《たび》に鶴見氏を思い出すのである。

十二月五日

森《もり》　毅《つよし》

京都大学教授（1928〜2010）

わからんなあ

ぼくは、自分でもよくわからんことを口ばしる癖《くせ》があって、それで人にわからせることが商売のはずの教師をして、困ったことだと思っていた。ところがある時、河合隼雄《かわいはやお》に聞いたところでは、ヤブのカウンセラーほど、相手の病名をわかったことにして安心したがるのだそうだ。してみると、わかったことにしたりわからせたつもりになって安心したがるのはヘボ教師。「わからんなあ」と言ってつきあえるのが器量と思うことにした。

十二月六日

亀《かめ》山《やま》郁《いく》夫《お》

ロシア文学者／名古屋外国語大学学長（1949〜）

人を愛するものは、人の喜びをも愛する

ロシアの文豪《ぶんごう》ドストエフスキーが最後の長編『カラマーゾフの兄弟』に記した言葉である。

人は往々にして愛する人の自由を縛《しば》り、縛ることなしに信頼《しんらい》関係を築けない、と考えている。したがってこの境地は、究極の達観を暗示する。

だが、ここではより大らかに考えたい。たとえば「人の喜び」を一曲の音楽に例えてみる。すると感動は、愛するがゆえの共感力をもって、二倍の深みと高さを獲得《かくとく》することだろう。

愛はすべての喜びの源なのだ。

十二月七日

枡《ます》野《の》俊《しゅん》明《みょう》

曹洞宗徳雄山建功寺住職（1953〜）

半端はゼロ、ゼロ＋ゼロは永久にゼロ

中学生の時、誘《さそ》われて近くの英語塾《じゅく》に暫《しば》く通った。そこで習ったのは英語よりも物事への取り組む姿勢や考え方であった。その一つが「半端《はんぱ》はゼロ、ゼロ＋ゼロは永久にゼロ」という言葉である。何事も取り組むからには中途《ちゅうと》半端ではものにならない。取り組むからには徹底的《てっていてき》に突《つ》き詰《つ》めて行くことで、初めてものになる。という教えである。

この言葉はいつも頭の片隅《かたすみ》に残り、忘れることはない。今日まで私を導いてくれたといっても過言ではない。

十二月八日

山《やま》田《だ》久《ひさ》志《し》

野球解説者（1948〜）

「普《ふ》通《つう》にしろ、普通に」

実際にマウンドに立ったときは、ピンチになるたびに、「久志、普通にしろ、普通に」と言い聞かせ、動揺《どうよう》しそうな気持ちにブレーキをかけてきた。カッカしがちな心をオブラートで包み、沈着《ちんちゃく》冷静を装いつつ、一八・四四メートル先にいるバッターとの闘《たたか》いに挑《いど》んできた。そして、これがいつのまにか僕《ぼく》の持ち味となり、二百八十四勝へと積み重なっていったのである。

十二月九日

服部《はっとり》幸應《ゆきお》

学校法人服部学園
理事長
（1945〜）

必要とされる人となれ

卒業時に学生に贈《おく》る言葉です。

就職先でまず第一にすることは、他《ほか》のだれよりも十分早めに出勤し、挨拶《あいさつ》をすること。そうすると今度の新人はいつも一番に出勤していると、上司は、まず安心して仕事を任せてくれる。

この信頼《しんらい》は周りの人からも任せてみようと頼《たよ》りにされるのです。

仕事を辞《や》めたいと思った時、君がいなければと「必要とされる人」になっているはずです。

まずは信頼をもらえることで、後の人生の生き方も変わってくるのです。

十二月十日

渡《わた》辺《なべ》貞《さだ》夫《お》

音楽家（1933〜）

痛みの度合いは、喜びの深さを知るためにある

このチベットの格言は、過酷《かこく》な環境《かんきょう》で生きる人々からの教えのような気がします。日々、喜びがあり悲しみがあり、人は苦しくとも笑い、でもやはり涙《なみだ》したり。どれほどの痛みも生きる営みの一部であり、それらの積み重ねが明日へとつながってゆく。命ある限り。

毎月、ツアーを行なっていますが、ライブに駆《か》けつけてくれる方たちが楽しい時間を過ごし、笑顔で帰ってくれるのが僕《ぼく》の喜びです。その様子を思《おも》い浮《う》かべて、楽器の音を磨《みが》く毎日です。

十二月十二日

下《しも》重《じゅう》暁《あき》子《こ》
作家
（1936〜）

忙《いそが》しくて死ぬ隙《ひま》もありません

国学者で百六歳《さい》まで現役《げんえき》だった物集高量《もずめたかかず》さん。百三歳のとき、一人住まいのしもたやを訪ねた。健康雑誌の対談だったが、秘書と手伝いの女性がいて、こたつに入ったまま、食事は卓上《たくじょう》の黒電話をすると持ってくるとのこと。

帰り際《ぎわ》「どうぞお元気で」というと、

「えゝ、忙しくて死ぬ隙もありません」

一週間入院して亡《な》くなったが、看護師さんの手を握《にぎ》り、やっと死ぬ隙がお出来になったか……。私も最期《さいご》まで死ぬ隙もなく忙しくありたい。

十二月十二日

阿《あ》刀《とう》田《だ》 高《たかし》
作家（1935～）

一《いっ》升《しょう》びんの哲《てつ》学《がく》

私が中学生だったころ、先生にはノルマとして宿直が課せられていた。夜、そんな折を狙《ねら》って親しい先生のところへ訪ねて行き、一～二時間ほど語り合う。

「一升びんに酒が五合入っている」

「はい？」

「それを見て〝まだ五合残っている〟と思うか、〝もう五合しかない〟と思うか、それが問題だ」

酒を飲む年齢《ねんれい》ではなかったが、教訓はよくわかった。一つの現実に直面して希望的に考えるか、否定的に考えるか、あれから七十年、私の生きる指針になっている。

十二月十三日

野《の》中《なか》郁《いく》次《じ》郎《ろう》
一橋大学名誉教授／日本学士院会員（1935〜）

「私とは私の身体《からだ》である」

これは、現象学者メルロ＝ポンティの言葉だが、デジタル時代の今だからこそ、示唆《しさ》に富む。身体の現象学を展開した彼《かれ》は、感覚の本質は「共感」にあり、身体知の深い共有が他者との共感を成立させるとした。彼は、人間の生き生きとした主観こそがあらゆる学問の根本であると主張し、科学万能主義に警鐘《けいしょう》を鳴らしたフッサールの後継者《こうけいしゃ》だ。

他者と全人的に向き合うことで生まれる共感から、新たな概念《がいねん》やアイデアは湧《わ》き上がってくる。身体と精神を分けるデカルト的二元論の呪縛《じゅばく》から脱《だっ》するべく、サイエンスの世界をいったんカッコに入れ、「共感の世界」で自己を超《こ》え出てみようではないか。

十二月十四日

鷲田清一《わしだきよかず》
哲学者（1949〜）

「ひとりで幸福になろうとしても、それは無理よ」

幸福感に浸《ひた》っているときは誰《だれ》も、「幸福とは何か」などとは問わない。それを問うのは、なにか満たされない思いでいるとき。でも、不幸だから「幸福とは何か」と問うのはみじめったらしい。そういう幸福論に例外が一つある。歌人で演劇家の寺山修司《てらやましゅうじ》の『幸福論』。そのなかで、ある年配の風俗嬢《ふうぞくじょう》のことばとしてこれを引いている。人の幸不幸はその人が置かれた歴史のなかでかたどられてきた。だから私の幸不幸も、他の人たちのそれと切《き》り離《はな》せない。

十二月十五日

左《さ》巻《まき》健《たけ》男《お》

理科教育者（1949〜）

平凡《へいぼん》な教師は言って聞かせる。
よい教師は説明し、
優秀《ゆうしゅう》な教師はやってみせる。
しかし最高の教師は
子どもの心に火をつける。

二十世紀初頭の教育者、ウィリアム・ウォード（一九二一〜一九九四）の言葉だ。

教育とは、学校でも家庭でも、子どものもつ内在的な能力を引き出し、発展させることだ。そのとき、自ら学び始めるきっかけを与《あた》えられるかどうかが重要なのである。

私は長い間、小学生、中学生、高校生、大学生に理科を教え、一般の人には「身近な科学」などを講演してきた。その教えや講演で、やさしく説明したり、実験を見せたりしてきたが、彼らの心に火をつけられたかどうか……。常に自身を省《かえり》みている。

十二月十六日

丸《まる》岡《おか》秀《ひで》子《こ》
評論家
（1903〜1990）

自分を成長させなければ

自分を成長させることができなければ、他を成長させることはできない。それを、わたしは、若い教師時代、事あるごとに自戒《じかい》の誓詞《せいし》とした。

いつのことだったか、九十歳《さい》を過ぎられた大切な先輩《せんぱい》が、孫の成長は早いが、自分の成長は遅々《ちち》として進まないといわれたことがあった。それを聞いたとき、ご本人は何気なくいわれたのだろうが、わたしはハッとし、まるで警《きょう》策《さく》をしたたか肩《かた》に振《ふ》りおろされたような気がしたのを覚えている。九十歳を過ぎて、なおも「成長」を問われるいのちの確かさに。

十二月十七日

真《ま》鍋《なべ》 博《ひろし》

イラストレーター

（1932〜2000）

一人の方がかえっていい

生きるということは、社会の風景のなかで歩くこと、そう、ちょうど散歩をしに街《まち》に出かけた時のように、もちろん、家を出る時から二人連れでも団体でもいいのだけれど、社会の風景をゆっくり楽しんだり、新しい街角を発見したりするためには、一人の方がかえっていい――そんな感じで一人ひとりの生き方があるのではないかと思う。

十二月十八日

本村《もとむら》凌二《りょうじ》

東京大学名誉教授／歴史学者（1947〜）

「陰《いん》徳《とく》」

もともとは仏教用語らしいが、「善行はひそやかに為《な》すもの」あるいは「人のために為したことを吹聴《ふいちょう》してはいけない」ということだ。

極端《きょくたん》な場合、本人すら気がつかないことがあり、感謝の言葉すらもらえないことがあるが、そんなことは気にしないでいればいい。その心構えでいれば、こちらのストレスも感じないで済む。

母親の葬儀《そうぎ》のとき喪主《もしゅ》として母親からくりかえし聞かされた「陰徳」の話をしたら、お坊《ぼう》さんからもっと詳《くわ》しい話を聞かせてほしいと言われたのが、今でも印象に残っている。

十二月十九日

野口《のぐち》悠紀雄《ゆきお》 経済学者(1940〜)

神はたくらみ深いが悪意を持たない。

これは、アルベルト・アインシュタインの言葉だ。「悪意を持って人を陥《おとしい》れようとする人間はいるが、創造主である神はそのようなことはしない」という意味に解釈《かいしゃく》することができる。神が悪意を持っているとしか思えない事態に直面することがあるのだが、それは、たくらみ深い神が人間の成長のために試練を与《あた》えているのであって、人間を破《は》滅《めつ》させようとしているわけではない。神の意図をこのように信じることができれば、どんなに辛《つら》いことも乗《の》り越《こ》えていけるだろう。

十二月二十日

小林《こばやし》隆彰《りゅうしょう》

比叡山延暦寺長臈《ちょうろう》（１９２８〜）

お返しの心

人間は奪わないと生きていけないものです。例えば、植物や動物の命を奪って生きている。世の中はすべて奪い合う構造です。だから、せめて生きている間に奪った分をどれだけ返せるか、ということを、私はずっと考えています。

「お返し」というのは、お礼なのです。最初に返せるのは自分の顔、そして言葉、一番大事なのは心です。人に会うときは不機嫌な顔をしているだけでその人の心を奪います。やさしい顔で「お元気そうですね」と言えば、それでお返しをしているのです。

夫婦や親子、あるいは動物に対してもいくつお礼ができるか。言葉でも一日何回「ありがとう」と言えるかを大切にしていきたいと思います。

十二月二十一日

高田《たかだ》明和《あきかず》
浜松医科大学名誉教授
（1935〜）

お前の功徳《くどく》になんでわしが礼を言わねばならないのか

——誠拙周樗《せいせつしゅうちょ》

江戸時代の円覚寺《えんがくじ》の住職、誠拙は円覚寺の山門を新築しようと寄進を募った。

豪商白木屋《しろきや》は金百両を寄付したが、誠拙は「ああそうか」と言ったきりだった。白木屋も不満を感じ、「百両は私にとっても大金です。何かお礼を言ってくれてもよいではありませんか」と言った。誠拙は「お前が功徳を積んで、お前が幸せになるのに、何故《なぜ》わしが礼を言わねばならないのだ」と言ったという。

功徳はすべて自分のためとのお示しである。

十二月二十二日

齋《さい》藤《とう》茂《しげ》太《た》

精神科医

（1916〜2006）

人生八〇パーセント主義

私《わたし》はナントカの一つ覚えで、たいていの著書のさいごに「人生八〇パーセント主義」と書いているようだ。あらゆる心の要求を八〇パーセント程度に抑《おさ》えておけば間違《まちが》いないというわけだ。むろん「夢」まですてろというわけではない。もし目標が達成されなかったら、いつまでもそれにこだわっていずにすぐに心の転換《てんかん》を図り、べつのコースから目標に到達《とうたつ》できるように作戦を変更《へんこう》せよというわけだ。

ピーター・フランクル

数学者／大道芸人（1953〜）

貴方《あなた》の財産は頭と心だけだ

これは父から教わった大切な言葉である。医者だった父は賃貸アパートに住み、高価なものは何一つ持たなかった。

ユダヤ人であるだけの理由で親が殺され、自分も九死に一生を得た父は、難局を生き抜くために大事なのは頭、つまりさまざまな知恵や知識や技術、そして心、とりわけ戦争や失業などの最悪の時代でも頼れる人間関係である、と迫害から教訓を得たのだ。

仕事をきちんとやりながらも家族をこよなく愛し、たくさんの時間を一緒に過ごして、多くのものを直《じか》に教えてくれた父に感謝している。

村《むら》上《かみ》陽《よう》一《いち》郎《ろう》
科学史家／科学哲学者（1936〜）

批判は批評家に任せておきなさい

カザルス

カザルスの前で不出来な演奏をしてしまったピアティゴルスキーが、カザルスの褒《ほ》め言葉に「不信」（不審《ふしん》でもある）を感じたことを告げたとき、カザルスはこう語ったという。

あなたは、ここではこう弾《ひ》いたでしょう、あそこではこんな指使いをしたでしょう。みんな私にとって、斬新《ざんしん》で参考になりました。教師としては、弟子《でし》のいいところを見つけてあげることが最大の義務です。

永年教師勤めをしてきた私にとって、とても大事な言葉である。

十二月二十五日

西《にし》水《みず》美《み》恵《え》子《こ》

元・世界銀行副総裁

人の世に不変なものは変化のみ

ブータンの先代国王、ジグミ・シンゲ・ワンチュク雷《らい》龍《りゅうおう》王四世から初めて謁見《えっけん》を賜《たまわ》ったときのお言葉。政治改革の話題をお選びになった陛下が、前置きのように仰《おお》せられた。

当時、世界銀行の組織文化改革を始めたばかりの私は、その難しさに挫《くじ》けかけていた。陛下のお言葉に遭遇《そうぐう》しなければ挫折《ざせつ》し、リーダー失格となっていただろう。

民主制より今のままでいいと猛反対《もうはんたい》する国民を「私が悪王だったらどうする」と説得され、絶対君主の権力を自ら放棄《ほうき》された王。先見の明ある王者の信念と情熱が醸《かも》し出《だ》す勇気に触《ふ》れてからは、この世に怖《こわ》いものなどなくなった。

十二月二十六日

渡辺《わたなべ》利夫《としお》
拓殖大学学事顧問（1939〜）

人間は不安の器《うつわ》である

人間は誰《だれ》しも病を不安に思い、死を恐怖《きょうふ》します。病や死を恐《おそ》れるのは、人間がよりよく生きたいと考えているからにほかなりません。不安や恐怖を「あってはならないもの」として、これを排除《はいじょ》しようと努めれば努めるほど、人間は抑鬱《よくうつ》と煩悶《はんもん》におとしめられます。その典型が神経症《しんけいしょう》です。

冒頭《ぼうとう》の言葉は、日本の精神医学の草創期に活躍《かつやく》した医師・高良武久《こうらたけひさ》の言葉です。高良の師・森田正馬《もりたまさたけ》は「不安常住」こそが人生の真実だともいっています。

十二月二十七日

勅使河原宏《てしがはらひろし》

草月流家元
（1927〜2001）

花は野にあるように

この有名な千利休《せんのりきゅう》の言葉の解釈《かいしゃく》は様々である。自然界から切り取った植物は、ただそのままの状態で挿《さ》せばよい。と受け取る人が意外に多いのだが、これは大間違《おおまちが》いだ。当時貴族、武家社会に流行した立華《りっか》が型式一点張《ば》りで、すっかり新鮮《しんせん》さを失っていた状況《じょうきょう》に反撥《はんぱつ》し警告した言葉と思う。

自然界の植物はそれぞれ独自性を持ちながらしかも見事に共存している。いけばなもそのように空間と調和せよ、という教えなのだ。

十二月二十八日

養老孟司《ようろうたけし》
解剖学者（1937〜）

言葉は信用できない

私は昭和十二年生まれで、小学二年で終戦だった。

そのあと教科書に墨《すみ》を塗《ぬ》ったので、言葉を疑いの目で見るようになった。「一億玉砕《ぎょくさい》、本土決戦」が「平和と民主主義」になったからである。

それから七十年以上たったので、もう治ってもいいのだが、なぜか、まだ言葉を全面的には信用できない。

当たり前だが、言葉そのものに罪があるわけではない。

それを担《にな》う人が問題なのである。

十二月二十九日

東《ひがし》山《やま》魁《かい》夷《い》

日本画家
（1908〜1999）

人間だけが尊いのであって、対立する考え方が尊いのではない。

ドイツの文豪《ぶんごう》トーマス・マンの長編小説「魔《ま》の山」の中にある言葉である。人間はあらゆる対立の支配者であって、対立し合う考え方も人間があってこそ存在するという言葉がそれに続いている。第一次大戦の前後にわたって書かれた小説であるが、この言葉は、人間存在を軽視する方向に進んでいる現代に対しての警告として、心に深く響《ひび》くものがある。

十二月三十日

観世栄夫《かんぜひでお》
能役者／演出家（1927〜2007）

初心忘るべからず

これは、私の祖先でもあり、能の大成者でもある世阿弥《ぜあみ》が、その芸術論「花鏡《かきょう》」の奥段で述べている言葉です。この言葉は現在でも、入学や入社のまた結婚式《けっこんしき》などのはなむけの言葉としてよく耳にします。大方は初心の新鮮《しんせん》で純な気持ちを忘れずにという意味に用いられているようですが、世阿弥の用いている意味は多少違《ちが》うようです。

世阿弥は初心の時の非を、つまり初心の時の下手《へた》さを、まずさを忘れるなということを言っているのです。今日の至らなさ、失敗、間違いをはっきりと見極め、自覚することにより、明日の進歩があるのであり、初心を忘れないということによって、始めて後心が正しく発展して行くことが出来ると戒《いまし》めているのです。その上、世阿弥は若い時の至らなさばかりでなく、年々時々に、盛年から老年にいたるまで、その年齢《ねんれい》の肉体条件、物の考え方の中で始めて出合う事柄《ことがら》をはっきり分析《ぶんせき》し、自覚し記憶《きおく》に留《とど》めて行くことによって常に進歩し、停滞《ていたい》、後退することはあるまいということを訓《おし》えているのです。

十二月三十一日｜山下泰裕《やましたやすひろ》

東海大学講師／柔道家（1957〜）

勝つために、全智全力を尽くす

たまたま連勝がつづくと、周囲の人びとは今度もまた勝って当然と思いがちであろう。そうした目で見られると、自分もまた、なるべく冒険《ぼうけん》はせずに安全な道を歩もうという気持ちを、無意識のうちに抱《いだ》いてしまう。だが、そこに危険な落とし穴《あな》があるような気がするのだ。

自らを守るということは大切なことには違《ちが》いないとは思うが、知らず知らず守勢に回ったとき、そこにはいのちを燃えたたせる何ものかが欠けてしまうように思う。勝つために、全智《ぜんち》全力を尽《つ》くし、勝つか負けるかの瀬戸際《せとぎわ》でメラメラと闘争心《とうそうしん》をたぎらせ、ガムシャラなまでの試合をしえたとき、真に闘《たたか》い切ったと言えるのではないか。

ま行

や・ら・わ行

な行

は行

た行

か行

さ行

索引
（五十音順）

あ行

わたせせいぞう

――――――『PHP』2009年4月号

大西良慶 ――『PHP』1973年3月号

塩月弥栄子 ―『PHP』1979年11月号

小笠原英法 ―『PHP』1974年6月号

浜内千波 ――『PHP』2013年3月号

日野啓三 ――『PHP』1975年12月号

沖藤典子 ――『PHP』2005年8月号

柿沼康二 ――『PHP』2014年1月号

秋山 仁 ―――『PHP』2001年8月号

森 絵都 ―――『PHP』2014年5月号

白澤卓二 ――『PHP』2013年1月号

沼野恭子 ――『PHP』2022年10月号

松本零士 ――『PHP』2011年1月号

中村桂子 ――『PHP』2022年8月号

有森裕子 ――『PHP』2021年12月号

十二月

岡本太郎 ――『PHP』1982年8月号

松岡正剛 ――『PHP』2021年1月号

立石義雄 ――『PHP』2020年4月号

工藤美代子 ―『PHP』2021年11月号

森 毅 ―――――『PHP』1990年7月号

亀山郁夫 ――『PHP』2022年3月号

枡野俊明 ――『PHP』2021年6月号

山田久志 ――『PHP』1991年6月号

服部幸應 ――『PHP』2021年5月号

渡辺貞夫 ――『PHP』2020年1月号

下重暁子 ――『PHP』2017年4月号

阿刀田 高 ――『PHP』2020年6月号

野中郁次郎 ―『PHP』2020年5月号

鷲田清一 ――『PHP』2019年1月号

左巻健男 ――『PHP』2018年10月号

丸岡秀子 ――『PHP』1979年12月号

真鍋 博 ―――『PHP』1975年4月号

本村凌二 ――『PHP』2018年9月号

野口悠紀雄 ―『PHP』2018年7月号

小林隆彰 ――『PHP』2004年7月号

高田明和 ――『PHP』2002年6月号

齋藤茂太 ――『PHP』1986年8月号

ピーター・フランクル

――――――『PHP』2004年12月号

村上陽一郎 ―『PHP』2010年11月号

西水美恵子 ―『PHP』2011年4月号

渡辺利夫 ――『PHP』2019年11月号

勅使河原宏 ―『PHP』1985年10月号

養老孟司 ――『PHP』2022年4月号

東山魁夷 ――『PHP』1975年5月号

観世栄夫 ――『PHP』1985年2月号

山下泰裕 ――『PHP』1984年3月号

※以上、すべてPHP研究所刊

藤原新也 ――『PHP』2010年12月号
多湖 輝 ――『PHP』1984年9月号
増田れい子 ――『PHP』1982年6月号
萩原葉子 ――『PHP』1979年12月号
澤野久雄 ――『PHP』1983年2月号
吉岡 忍 ――『PHP』2019年3月号
林 望 ――『PHP』2018年12月号
加藤秀俊 ――『PHP』1989年6月号

十月

遠藤周作 ――『PHP』1984年4月号
鹿島 茂 ――『PHP』2012年9月号
小川 昇 ――『PHP』1991年10月号
新川和江 ――『PHP』1985年8月号
青木雨彦 ――『PHP』1979年5月号
うつみ宮土理
――『PHP』1991年9月号
上村松篁 ――『PHP』1984年5月号
平櫛田中 ――『PHP』1974年1月号
城之内ミサ ――『PHP』1992年12月号
石川達三 ――『PHP』1975年1月号
森下洋子 ――『PHP』1989年8月号
友竹正則 ――『PHP』1991年12月号
中山あい子 ――『PHP』1978年9月号
柳原良平 ――『PHP』1977年2月号
桑原武夫 ――『PHP』1965年3月号
吉田知子 ――『PHP』1980年1月号
山藤章二 ――『PHP』2006年9月号
出久根達郎 ――『PHP』2007年11月号
山谷えり子 ――『PHP』1983年7月号
青木 功 ――『PHP』2006年4月号
田原総一朗 ――『PHP』1983年7月号
田中優子 ――『PHP』2020年8月号
大庭みな子 ――『PHP』1981年10月号
北島忠治 ――『PHP』1984年1月号
四世井上八千代
――『PHP』1973年7月号
永井道雄 ――『PHP』1992年10月号
田中澄江 ――『PHP』1990年3月号
加賀乙彦 ――『PHP』1977年1月号
草野心平 ――『PHP』1976年2月号
佐佐木幸綱 ――『PHP』1993年10月号
島田雅彦 ――『PHP』2022年7月号

十一月

松下幸之助 ――『PHP』1987年4月号
沢村貞子 ――『PHP』1982年8月号
村上信夫 ――『PHP』1988年1月号
みつはしちかこ -『PHP』1982年3月号
会田雄次 ――『PHP』1989年4月号
齋藤茂太 ――『PHP』1976年5月号
源氏鶏太 ――『PHP』1982年9月号
藤原敏行(孚石)
――『PHP』1999年6月号
大宅映子 ――『PHP』2004年6月号
金田正一 ――『PHP』2003年10月号
樋口恵子 ――『PHP』1990年4月号
鎌田敏夫 ――『PHP』1992年8月号
辺見じゅん ――『PHP』1992年10月号
井上 雪 ――『PHP』1994年9月号
山口 晃 ――『PHP』2022年6月号

増井光子 ――『PHP』1994年11月号
向笠千恵子 ―『PHP』2012年1月号
内海桂子 ――『PHP』2007年1月号

八月

瀬戸内寂聴 ―『PHP』2010年12月号
半藤一利 ――『PHP』1999年7月号
ひろさちや ―『PHP』2005年11月号
阿木燿子 ――『PHP』2013年2月号
津川雅彦 ――『PHP』2017年1月号
海原純子 ――『PHP』2012年4月号
水野彌一 ――『PHP』2000年5月号
三浦光世 ――『PHP』2009年8月号
藤田紘一郎 ―『PHP』2002年11月号
北村総一朗 ―『PHP』2019年10月号
笹本恒子 ――『PHP』2012年12月号
海老一染之助
――――『PHP』2005年9月号
フランソワーズ・モレシャン
――――『PHP』2007年6月号
末舛惠一 ――『PHP』2000年3月号
上坂冬子 ――『PHP』1998年2月号
竹田青嗣 ――『PHP』2012年8月号
黒岩 彰 ――『PHP』1989年6月号
荻野アンナ ―『PHP』2018年6月号
武光 誠 ――『PHP』2018年1月号
月亭八方 ――『PHP』2019年6月号
新藤兼人 ――『PHP』1984年3月号
西原廉太 ――『PHP』2021年8月号
武田昭英 ――『PHP』2022年1月号
田丸美寿々 ―『PHP』1981年6月号
市田ひろみ ―『PHP』2013年6月号
伊東豊雄 ――『PHP』2012年3月号
家田荘子 ――『PHP』2019年5月号
高城修三 ――『PHP』1985年4月号
咲村 観 ――『PHP』1987年9月号
司 修 ――『PHP』1982年6月号
葉室 麟 ――『PHP』2015年5月号

九月

永守重信 ――『THE21』2022年8月号
市川 崑 ――『PHP』1986年11月号
加賀乙彦 ――『PHP』1982年3月号
藤本義一 ――『PHP』1982年4月号
小平桂一 ――『PHP』2010年10月号
岡本民夫 ――『PHP』1994年1月号
加藤幸子 ――『PHP』1983年8月号
藤原てい ――『PHP』1983年12月号
永田和宏 ――『PHP』2012年5月号
松原惇子 ――『PHP』1994年2月号
髙谷辰生 ――『PHP』2001年5月号
石井好子 ――『PHP』1988年3月号
生島ヒロシ ―『PHP』1990年8月号
奈良岡朋子 ―『PHP』1983年4月号
竹内 宏 ――『PHP』1984年2月号
太田治子 ――『PHP』1989年6月号
木村 梢 ――『PHP』1985年2月号
黒岩重吾 ――『PHP』1986年8月号
立原えりか ―『PHP』1978年4月号
鈴木義司 ――『PHP』1980年3月号
髙樹のぶ子 ―『PHP』1986年3月号
重兼芳子 ――『PHP』1981年6月号

篠田正浩 ――『PHP』1987年8月号
小林亜星 ――『PHP』1991年11月号
津本 陽 ――『PHP』1993年12月号
木下恵介 ――『PHP』1980年2月号
田辺聖子 ――『PHP』1987年12月号
サトウサンペイ
――『PHP』1987年5月号
桂 米朝(三代目)
――『PHP』1980年5月号
邱 永漢 ――『PHP』1984年11月号
桂 小文枝(三代目)
――『PHP』1991年7月号
三浦朱門 ――『PHP』1994年5月号
白川 静 ――『PHP』1994年2月号
月山貞一(二代)
――『PHP』1985年9月号
下村満子 ――『PHP』1998年5月号
松本幸四郎(八代目)
――『PHP』1979年2月号
日下公人 ――『PHP』2003年6月号
大山のぶ代 ――『PHP』1996年8月号
阿久 悠 ――『PHP』1998年9月号
林 静一 ――『PHP』1994年6月号
宮本文昭 ――『PHP』2013年9月号
埴谷雄高 ――『PHP』1996年4月号
森本毅郎 ――『PHP』1985年5月号
黒井千次 ――『PHP』1978年8月号
松谷みよ子 ――『PHP』2008年6月号
米沢富美子 ――『PHP』2010年1月号

七月

堀場雅夫 ――『PHP』2004年1月号
宇野千代 ――『PHP』1983年9月号
樋口恵子 ――『PHP』1987年3月号
浅井愼平 ――『PHP』1985年8月号
観世清和 ――『PHP』2014年3月号
童門冬二 ――『PHP』2008年9月号
轡田隆史 ――『PHP』2001年3月号
岩下志麻 ――『PHP』2005年10月号
田原総一朗 ――『PHP』2004年3月号
陳 舜臣 ――『PHP』1989年12月号
加藤登紀子 ――『PHP』2015年11月号
中島義道 ――『PHP』2022年9月号
浜村 淳 ――『PHP』2006年2月号
柳家小さん(五代目)
――『PHP』1975年2月号
高橋克彦 ――『PHP』2018年2月号
高嶋ちさ子 ――『PHP』2014年4月号
古関裕而 ――『PHP』1976年7月号
一龍斎貞水(六代目)
――『PHP』2016年10月号
細川護熙 ――『PHP』2009年7月号
田中一光 ――『PHP』1988年8月号
郡司正勝 ――『PHP』1996年6月号
吉田直哉 ――『PHP』1991年11月号
津島佑子 ――『PHP』1978年11月号
古山高麗雄 ――『PHP』1985年4月号
上野千鶴子 ――『PHP』2009年1月号
金子兜太 ――『PHP』1996年11月号
中村メイコ ――『PHP』2016年1月号
土屋賢二 ――『PHP』2006年12月号

大林宣彦 ――『PHP』1987年1月号
加藤一二三 ――『PHP』1994年3月号
小篠綾子 ――『PHP』1998年12月号
岸見一郎 ――『PHP』2018年5月号
浅井愼平 ――『PHP』1985年8月号
黒田夏子 ――『PHP』2016年3月号
山田無文 ――『PHP』1965年4月号
杉 良太郎 ――『PHP』2017年10月号
枝川公一 ――『PHP』2002年12月号
坂口ふみ ――『PHP』2014年7月号
十三代今泉今右衛門
――『PHP』1989年11月号
さいとう・たかを
――『PHP』1989年12月号
桐島洋子 ――『PHP』2007年4月号
高田 宏 ――『PHP』1999年2月号
外山滋比古 ――『PHP』1990年4月号

五月

渡辺和子 ――『PHP』2004年10月号
小林秀雄 ――『PHP』1969年7月号
柴門ふみ ――『PHP』1985年4月号
中野孝次 ――『PHP』1988年9月号
北野 大 ――『PHP』1991年11月号
桂 三枝（現・六代文枝）
――『PHP』1985年11月号
田河水泡 ――『PHP』1976年5月号
童門冬二 ――『PHP』1989年9月号
石ノ森章太郎
――『PHP』1979年6月号
加藤芳郎 ――『PHP』1985年3月号
石井幹子 ――『PHP』1990年1月号
千 玄室 ――『PHP』1973年1月号
加藤登紀子 ――『PHP』1993年8月号
栗原小巻 ――『PHP』1976年1月号
服部良一 ――『PHP』1979年9月号
並河萬里 ――『PHP』1985年5月号
土井 勝 ――『PHP』1981年3月号
福島敦子 ――『PHP』1991年1月号
長谷川眞理子
――『PHP』2022年5月号
金田一春彦 ――『PHP』1985年4月号
浜 美枝 ――『PHP』1985年5月号
安野光雅 ――『PHP』1986年10月号
白石一郎 ――『PHP』1988年2月号
山田太一 ――『PHP』1992年2月号
篠田桃紅 ――『PHP』1982年12月号
源氏鶏太 ――『PHP』1978年4月号
立松和平 ――『PHP』2007年9月号
有吉玉青 ――『PHP』2009年2月号
辻村寿三郎 ――『PHP』1982年3月号
時実新子 ――『PHP』1999年1月号
山極寿一 ――『PHP』2014年12月号

六月

松岡修造 ――『PHP』2008年6月号
中村鴈治郎（四代目坂田藤十郎）
――『PHP』1991年3月号
堀 紘一 ――『PHP』2005年12月号
茂山千五郎 ――『PHP』1988年9月号
三浦綾子 ――『PHP』1986年9月号
田沼武能 ――『PHP』1989年7月号

北 杜夫 ――『PHP』1996年2月号
栄久庵憲司 ――『PHP』1982年7月号
平山郁夫 ――『PHP』1983年4月号
実相寺昭雄 ――『PHP』1992年11月号
手塚治虫 ――『PHP』1975年9月号
松本清張 ――『PHP』1982年4月号
長嶋茂雄 ――『PHP』1986年1月号
里見浩太朗 ――『PHP』2017年9月号
金 美齢 ――『PHP』2013年11月号
佐伯啓思 ――『PHP』2017年12月号

三月

本田宗一郎 ――『PHP』1974年1月号
佐々木常夫 ――『PHP』2015年9月号
三屋裕子 ――『PHP』1989年1月号
岡 潔 ――『PHP』1967年6月号
椋 鳩十 ――『PHP』1977年2月号
池坊専永 ――『PHP』1975年7月号
外山滋比古 ――『PHP』2010年2月号
山田洋次 ――『PHP』1995年7月号
向田邦子 ――『PHP』1976年5月号
ハナ 肇 ――『PHP』1975年11月号
篠田桃紅 ――『PHP』1980年3月号
吉田秀和 ――『PHP』1990年11月号
大森一樹 ――『PHP』1982年4月号
桂 文珍 ――『PHP』1983年9月号
石井ふく子 ――『PHP』1991年4月号
二世野村万作
――『PHP』1990年8月号
佐々木信也 ――『PHP』1981年7月号
草野 仁 ――『PHP』1993年5月号

寿岳章子 ――『PHP』2001年10月号
高橋睦郎 ――『PHP』1994年4月号
児玉 清 ――『PHP』2005年6月号
池辺晋一郎 ――『PHP』2011年2月号
渥美雅子 ――『PHP』2002年7月号
畑 正憲 ――『PHP』1975年2月号
村上和雄 ――『PHP』2002年9月号
新藤兼人 ――『PHP』1976年9月号
里中満智子 ――『PHP』1979年9月号
宗 猛 ――『PHP』1994年4月号
樋口裕一 ――『PHP』2013年10月号
坂 茂 ――『PHP』2014年8月号
江崎玲於奈 ――『PHP』2012年11月号

四月

武者小路実篤
――『PHP』1967年1月号
下重暁子 ――『PHP』1985年3月号
ちばてつや ――『PHP』2017年6月号
守屋 洋 ――『PHP』1998年3月号
豊田有恒 ――『PHP』1981年8月号
衣笠祥雄 ――『PHP』2004年11月号
藤田弓子 ――『PHP』1982年4月号
藤本義一 ――『PHP』1985年4月号
星野富弘 ――『PHP』1995年11月号
田村セツコ ――『PHP』2020年10月号
小林カツ代 ――『PHP』2004年5月号
天野祐吉 ――『PHP』1997年11月号
笹沢左保 ――『PHP』1983年8月号
加藤諦三 ――『PHP』1993年6月号
山﨑武也 ――『PHP』2008年8月号

初出一覧

一月

養老孟司 ――『PHP』2012年2月号
安藤忠雄 ――『PHP』2008年5月号
井深 大 ――『PHP』1980年7月号
三浦雄一郎 ――『PHP』1987年11月号
仲代達矢 ――『PHP』2016年5月号
丹羽宇一郎 ――『PHP』2018年8月号
橋爪大三郎 ――『PHP』2020年9月号
出口治明 ――『PHP』2020年7月号
吉行和子 ――『PHP』2017年11月号
津本 陽 ――『PHP』2017年7月号
大山康晴 ――『PHP』1977年10月号
大鵬幸喜 ――『PHP』1974年5月号
櫻井よしこ ――『PHP』1997年7月号
長嶋茂雄 ――『PHP』1977年4月号
河合隼雄 ――『PHP』1989年11月号
坂東眞理子 ――『PHP』2019年12月号
萩本欽一 ――『PHP』1979年1月号
幸田真音 ――『PHP』2021年3月号
三遊亭円楽（五代目）
――『PHP』1979年4月号
谷川浩司 ――『PHP』1989年12月号
宗 茂 ――『PHP』1992年4月号
大島 渚 ――『PHP』1977年4月号
遠藤周作 ――『PHP』1978年9月号
佐伯チズ ――『PHP』2019年9月号
さだまさし ――『PHP』1985年8月号
山本七平 ――『PHP』1988年7月号
大野 豊 ――『PHP』1993年2月号
馬場章夫 ――『PHP』2019年7月号
安藤和津 ――『PHP』2007年12月号
山折哲雄 ――『PHP』1990年3月号
やなせたかし ――『PHP』1991年1月号

二月

九重 貢（元・横綱千代の富士）
――『PHP』2004年3月号
毛利 衛 ――『PHP』1995年2月号
田坂広志 ――『PHP』2021年10月号
佐藤愛子 ――『PHP』1984年8月号
河合隼雄 ――『PHP』1986年4月号
土門 拳 ――『PHP』1974年10月号
さいとう・たかを
――『PHP』2005年5月号
川淵三郎 ――『PHP』2004年9月号
今村昌平 ――『PHP』1990年6月号
村上祥子 ――『PHP』2021年7月号
藤子不二雄Ⓐ
――『PHP』1995年12月号
山岡荘八 ――『PHP』1968年12月号
野中ともよ ――『PHP』1989年6月号
岡本太郎 ――『PHP』1973年11月号
谷村新司 ――『PHP』1989年3月号
井上 靖 ――『PHP』1981年1月号
梅原 猛 ――『PHP』1983年10月号
八坂裕子 ――『PHP』2019年2月号

〈編者紹介〉

『PHP』編集部（『ぴーえいちぴー』へんしゅうぶ）

『PHP』は、1947年4月に創刊した月刊誌。松下幸之助が「繁栄を通じて平和と幸福を」との思いで1946年に創設したPHP研究所の機関誌として、世代や性別を問わず幅広い読者に向けて発刊を続けている。裏表紙（表4）に松下幸之助が書いていた文章を集めた書籍『道をひらく』（PHP研究所）は、550万部を超えるベストセラーに。毎号、さまざまな立場の人のインタビューやエッセイ、読み物を掲載し、日々の暮らしや仕事、教育などの場で活用されている。ビジネスツールとしての活用例や地域の学校などへの贈呈も多数。

編集担当　見目勝美（PHPエディターズ・グループ）
編集協力　小林正和、橋本純一、山岡勇二（PHP研究所）

1日1篇「人生を成功に導く」365人の言葉

2022年12月19日　第1版第1刷発行

編　者　『PHP』編集部
発行者　岡　修平
発行所　株式会社PHPエディターズ・グループ
〒135-0061　江東区豊洲5-6-52
☎03-6204-2931
http://www.peg.co.jp/

発売元　株式会社PHP研究所
東京本部　〒135-8137　江東区豊洲5-6-52
普及部　☎03-3520-9630
京都本部　〒601-8411　京都市南区西九条北ノ内町11
PHP INTERFACE　https://www.php.co.jp/

印刷所
製本所　凸版印刷株式会社

　ISBN978-4-569-85281-2